Francois Auguste Gevaert

Der Ursprung des römischen Kirchengesanges

Musikgeschichtliche Studie

Francois Auguste Gevaert

Der Ursprung des römischen Kirchengesanges
Musikgeschichtliche Studie

ISBN/EAN: 9783743357952

Hergestellt in Europa, USA, Kanada, Australien, Japan

Cover: Foto ©Thomas Meinert / pixelio.de

Manufactured and distributed by brebook publishing software
(www.brebook.com)

Francois Auguste Gevaert

Der Ursprung des römischen Kirchengesanges

DER URSPRUNG

DES

RÖMISCHEN KIRCHENGESANGES.

MUSIKGESCHICHTLICHE STUDIE

VON

FR. AUG. GEVAERT.

DEUTSCH VON DR. HUGO RIEMANN.

(Vortrag, gehalten in der Sitzung der Belgischen Akademie der Künste in Gegenwart S. M. des Königs am 27. Okt. 1889, vermehrt mit Anmerkungen und einem Anhange.)

LEIPZIG

DRUCK UND VERLAG VON BREITKOPF & HÄRTEL

1891.

INHALT.

VORWORT.

Vor keiner anderen Versammlung als der gegenwärtigen würde ich es wagen, ein so spezielles Thema zu behandeln. Aber in Gegenwart des erlauchten Protektors der Akademie, des hochherzigen Fürsten, dessen Sorge ebensowohl den ruhmreichsten Kulturleistungen wie der bescheidensten wissenschaftlichen Arbeit gilt, und im Kreise meiner hochangesehenen Collegen, der Vertreter der Wissenschaft, Litteratur und Kunst Belgiens, glaube ich auf eine ausnahmsweise Nachsicht und Geduld rechnen zu dürfen.

Wie könnte ich besser meine hohe Achtung gegenüber einer geneigten Zuhörerschaft bethätigen, als indem ich derselben die Früchte langjährigen Denkens vorlege? Der katholische Kirchengesang gehörte seit meiner Kindheit zu meinen Lieblingsstudien — bis zu meinem zehnten Jahre kannte ich keine andere Musik — und ich glaube, dass es mir geglückt ist, die Hauptphasen seiner Entwickelungsgeschichte genauer zu bestimmen, als dies bisher geschehen. Es sind also meine persönlichen Ansichten bezüglich der Uranfänge dieses Gesanges und ihrer Bedeutung für die allgemeine Geschichte der Kunst, welche ich bitte, Ihnen in aller Kürze vortragen zu dürfen.

Ich glaube die Bedeutung meines Gegenstandes nicht zu überschätzen, wenn ich sage, dass derselbe über die engen Schranken der musikalischen Fachgelehrsamkeit hinaus von Interesse ist und ein anziehendes Kapitel der allgemeinen Kulturgeschichte des Abendlandes bildet.

Die Tonkunst und die Baukunst — diese beiden jeder sesshaften Völkerschaft unentbehrlichen Künste — sind die einzigen deren Entwickelung nicht völlig aufgehört hat, während der dunklen Jahrhunderte, welche die Zeit des Römerreiches vom Mittelalter trennen. Und man kann weiter sagen, dass die flüchtigen Gebilde der Tonkunst eine grössere Widerstandsfähigkeit gegen die zerstörende Macht der Zeit gezeigt haben als die massivsten Bauwerke aus Stein oder Marmor. Der christliche Kirchengesang entsteht gerade in dem Moment, wo die geistige Schöpferkraft der griechisch-römischen Welt in Verfall geräth, und erreicht die höchste Stufe seiner Entwicklung zu einer Zeit, wo Kunstsinn und Wissenschaft im Abendlande einen Schlaf schlafen, der noch lange dauern soll. Wie das römische Volk und die ewige Stadt selbst, so hat auch die Musik des heidnischen Rom sich sozusagen von innen heraus umgebildet; langsam und unmerklich hat sie Sinn und Richtung gewechselt, bis sie eines Tages zum vollkommenen Ausdruck des christlichen Empfindens geworden war.

Das ist zunächst der wesentlichste historische Gesichtspunkt: was nun den musikalischen Werth jener alten Kirchenmelodien für den Künstler anlangt, dessen Blick über die Gegenwart hinausreicht, so ist es wohl nicht nöthig, an das Urtheil J. J. Rousseaus zu erinnern! Es handelt sich da keineswegs um historische Kuriositäten etwa wie bei der Musik fernabliegender Völker wie der Chinesen und Hindus, in der wir bizarren Rythmen und Melodien begegnen, die wohl manchmal pikant aber im Grunde doch unserer Empfindungsweise fremd sind. Die kirchlichen Melodien — welche durch den grössten Theil des Mittelalters hindurch alles waren, was unseren Vorfahren an Musik geboten wurde — sind sozusagen in unser Fleisch und Blut übergegangen und bilden einen Theil dessen, was man unsere musikalische Naturanlage nennen könnte. Sie reden eine wohl alterthümliche aber uns doch noch verständliche Sprache, die sich noch tagtäglich an ungezählten Punkten des Erdballs Gehör verschafft, und deren Accente die Schmerzen von tausend und abertausend Unglücklichen stillen.

Und merkwürdig — gerade die ältesten dieser Gesänge haben sich die grösste Wirkung gewahrt; so eine Melodie

aus dem 5. Jahrhundert wie z. B. das *Tedeum*[1]) wird noch immer mit ihrem grossartigen Ausdruck Massen ergreifen — trotz der mechanischen Vortragsweise der meisten unserer Kirchensänger —, während ein Meisterwerk der religiösen Kunst der Renaissance, das Stabat Mater von Palestrina, selbst bei vollkommenster Wiedergabe, für das grosse Publikum ein Buch mit sieben Siegeln bleibt und nur eine Minderheit höher Gebildeter anspricht. Das Fehlen jeder harmonischen Einkleidung, jedes sinnlichen Elements, trägt nur dazu bei, den Reiz jener alten Melodien vor dem Untergange zu bewahren. Von ihnen kann man sagen, was der geistreichste Kritiker unserer Zeit von den Versen Racines sagt: »Sie stehen ausserhalb der Zeit. Da sie unverhüllt sind, hat die Mode keine Macht über sie; und da sie von unvergänglichem Stoff gemacht sind, so altern sie nicht.«.

---

1) Zur Zeit des heil. Benedict, unter dem Gothenkönig Totila wurde dasselbe bereits beim Abendgottesdienst (Nokturn) des Sonntags gesungen: »Post quartum responsorium incipiat abbas hymnum *Te deum laudamus*«. *Vita et regula SS. P. Benedicti* cap. II. (Regensburg, bei Pustet, 1880, S. 25).

I.

Um mit Interesse der Geschichte der kirchlichen Gesänge
folgen zu können, ist es unerlässlich, dieselben im Geiste in
ihren ursprünglichen Rahmen zurückzuversetzen die alte
romanische Basilika, und sich diejenige Art ihrer Ausführung
zu vergegenwärtigen, für welche sie zuerst erdacht sind.

Diejenigen Religionsübungen, bei denen die Musik die
wichtigste Rolle spielt, sind die sogenannten »kirchlichen Tagzeiten« (Cursus ecclesiasticus). Hier macht das Absingen der
Psalmen, Cantica und Hymnen, Tag und Nacht von der Gemeinde und ihrem geistlichen Leiter wiederholt (das Hora-
Singen`, das Wesen der Kultushandlung selbst aus. Im 6.
Jahrhundert sehen wir diesen Theil des Kirchendienstes beinahe ebenso organisirt wie heute. Cassiodor um 510) nennt
sieben Synaxen oder tägliche Zusammenkünfte: den Mitter-
nachtsdienst (*Vigiliae*, die jetzige Frühmette), die in drei
Nachtwachen oder Nokturnen getheilt war und ausser dem Absingen von Psalmen noch Lektionen mit eingeschobenen Gesängen begriff: den Frühdienst um die Stunde des Hahnen-
schreies (*Gallicinium, Laudes matutinae,* die heutige »Laudes`,
die drei »kleinen Tagzeiten« *Terz* (in der Mitte des Vormittags),
Sexte (um Mittag) und *None* (in der Mitte des Nachmittags);
den Abenddienst oder das *Lucernarium,* bei eintretender Dun-
kelheit, wenn die Lampen angezündet wurden unsere heutigen Vespern) und endlich das *Completorium* vorm Schlafen-
gehen [1]).

---

1 »Septies in die laudem tibi dixi . . . . Si ad litteram hunc numerum
velimus advertere, septem illas significat vices, quibus se monachorum pia
devotio consolatur, id est *Matutinis, Tertia, Sexta, Nona, Lucernario, Com-
pletorio, Nocturnis.« Expositio in Ps.* 118. Ausg. Garet Bd. II S. 404. —
Die Ordensregel des heil. Benedict welche um dieselbe Zeit festgestellt

In der Messe, der höchsten Kultushandlung der katholischen Kirche, hat der Gesang ebenfalls seit der ersten Organisation der Liturgie eine ausgedehnte Verwendung gefunden, aber doch in zweiter Linie. Er begleitet die heilige Handlung, ist aber kein wesentlicher Bestandtheil derselben. Das gilt besonders für die fünf Gesangssätze, deren Text und Melodie von Tag zu Tag wechselt: den Mess-Eingang oder *Introitus;* das *Graduale*, nach der Verlesung der Epistel (ein Sologesang, der zum Teil vom Chor wiederholt wird, und dem sich unmittelbar das *Halleluja* oder an Tagen der Trauer ein gedehnter Klagegesang, der *Tractus* anschliesst); ferner das vom Chor gesungene *Offertorium* und zum Schluss der Messe der Chorgesang der *Communion*[1]).

Abgesehen von den alltäglichen Messgesängen und einigen anderen Stücken von besonderem Zuschnitt, weisen die Melodien des römischen Kirchengesangs wenig Abweichung in ihrem musikalischen Bau auf. Alle diejenigen, welche bis hinter die Zeit Karls d. Gr. zurückreichen — mit denen allein wir uns beschäftigen werden — kann man in drei Klassen theilen. Die erste Klasse sind *Hymnen in Versen,*

wurde, schreibt ausserdem Kap. 16) noch als weitere Hora die *Prim* vor: »Septenarius sacratus numerus a nobis sic implebitur, si *matutino, primae, tertiae, sextae, nonae, vesperae, completoriique* tempore nostrae servitutis officia persolvamus, quia de his horis dixit: *Sexties in die laudem tibi dixi;* nam de *nocturnis vigiliis* idem ipsa propheta ait: *Media nocte surgebam ad confitendum tibi«.* Bis zur Zeit Karls d. Gr. wurden Prim und Kompletorium nur in Klostergemeinden gesungen; das von den Benedictinern in der Sammlung der Werke des h. Gregor herausgegebene *Responsale gregorianum* enthält keine einzige Antiphon und kein einziges Responsorium für diese beiden Tagzeiten. Die ersten Vespern waren zu Anfang des 9. Jahrhunderts ebenfalls erst neu angeordnet, wie man aus folgendem Passus bei Amalarius *»De ordine Antiphonarii«* Kap. 16 (S. 1043) ersieht: »Inveni rationabilius inventum esse cultum solemnitatum vespertinalium apud scriptores antiquos, qui antiphonas scripserunt, quam apud cantores modernos. Adhuc solent dicere, interrogati de vespertinali synaxi, *Benedictus Dominus Deus meus* (Sabb. ad vesp.) pertinere illam ad diem Dominicam. Si enim voluissent intendere quod psalmi hujus vesperi in fine psalmorum vespertinalium essent positi nunquam hoc dicerent: quoniam ille qui psalmos vespertinales constituit, procul dubio a Dominica die coepit initium psalmorum vespertinalium componere, et non a fine hebdomadis«. Der eigentliche Anfang des Gottesdienstes für einen Wochentag oder irgend ein Fest ist das *Invitatorium*, mit welchem die erste Nocturne anhebt.

1) Abbé Duchesne, *»Origines du culte chrétien«*. Paris, Thorin 1889, S. 153 f.

deren Text wie der moderner Lieder in Strophen abgetheilt ist, und deren Melodien anfänglich strenge rhythmische Messung hatten. Diese Art von Gesängen ist sehr alt, aber durchaus abendländischen Ursprungs. In die Liturgie Roms selbst ward sie nicht vor dem elften Jahrhundert aufgenommen. — Die zweite Klasse begreift den *antiphonen Psalmengesang*, den Wechselgesang zweier Chöre. Der Gesammtchor ist dabei in zwei Teile geschieden, deren jeder je einen Psalmenvers singt. Dem Psalm geht eine kurze Melodie, die Antiphon, voraus, welche der Vorsänger intonirt, um den Psalmenton anzudeuten, in welchem gesungen werden soll, und welche nach dem Psalm vom Chor als musikalischer Abschluss des Stücks wiederholt wird. — Die dritte Klasse, deren rudimentären Typus die Litanei aufweist, umfasst die *Responsorialgesänge*, die Stücke mit Reprisen. Ursprünglich wurde der Text des Responsoriums stets von einem Diakonus allein vorgetragen, und der Chor der Gläubigen wiederholte die Schlussphrase der Melodie als eine Art Refrain.

Die Hymnen, Antiphonen und Responsorien treten in dem Gesammtschatz der Melodien der römisch-katholischen Kirche in **zweierlei sehr unterschiedenen Formen** auf: entweder sind sie *einfache Melodien*, mit nur einem Ton für jede Silbe oder doch beinahe so; oder ihr Text verbindet sich mit einer *ausgezierten Melodie*, mit eingestreuten Melismen. Die einfachen **Antiphonen** sind für die Offizien der Tagzeiten Horen' feststehend; die verzierten Antiphonen eignen zweien der veränderlichen Gesänge der Messe: Introitus und Kommunion[1]. Was die syllabischen d. h. auf jede Silbe gewöhnlich nur einen Ton bringenden **Responsorien** anlangt, so hat der römische Ritus dieselben nur für die drei kleinen Tagzeiten erhalten: die Responsorien der Nachtzeiten Vespern, Kompletorien und Laudes), desgleichen die Responsorialgesänge der Messe (Graduale, Halleluja und Offertorium) gehören dem verzierten Stile[2] an. In den beiden zwischen Epistel

---

1 In einem Antiphonar aus dem 10. Jahrhundert MS. zu St. Gallen), welches z. Z. die Benedictiner von Solesmes in phototypischer Nachbildung herausgeben 'Paléographie musicale' findet sich keine Spur eines Psalmengesangs nach der Antiphon der Kommunion.

2 Die Offertorien haben in dem oben erwähnten Antiphonar noch ihre Versette, während sie im 11. Jahrhundert dieselben nicht mehr haben. Vgl. die Facsimiles der Trierer Manuscripte in Hermesdorffs Caecilia 1872 f. — Ein

und Evangelium eingeschobenen Sätzen Graduale mit Halleluja oder Graduale mit Tractus) überwiegt stärker als in allen anderen Gesängen des katholischen Kultus das eigentliche musikalische Element. Sie bilden eine Art musikalisches Intermezzo für Solo und Chor, bei welchem der Vorsänger Gelegenheit hatte, seine Stimmmittel und seine Kunstfertigkeit zur Geltung zu bringen[1].

Allen verzierten Melodien sieht man auf den ersten Blick an, dass sie später als die anderen komponirt sind. Dieselben setzen geschulte Sänger voraus und weisen daher auf eine Zeit hin, wo die päpstliche Sängerschule längst an die Stelle der Gemeinde der Gläubigen getreten war. Übrigens führt eine nur einigermassen aufmerksame Prüfung dieser Stücke zur Entdeckung offenbarer Erweiterungen (Ausschmückungen) einfacher Antiphonenmelodien und Psalmenintonationen.[2]

Der Gesammtbestand der liturgischen Gesänge der römischen Kirche, das *Antiphonarium Romanum*, bildet eine Sammlung von mehreren hundert Gesangsstücken, auch wenn man von den seit dem 10. Jahrhundert hinzugekommenen Offizien absieht. Dieser gewaltige musikalische Schatz, von welchem man heute nur einen geringen Theil mehr zu hören bekommt (ausgenommen bei einigen Mönchsorden), scheidet sich in zwei Specialsammlungen: das eigentliche **Antiphonar**, welches die Gesänge der Tagzeiten enthält, und das **Graduale**, welches die wechselnden Sätze der Messe begreift.[3]

einziges Offertorium, das der Todtenmesse 'des Requiem . *Domine Jesu Christe*, hat sich vollständig gehalten bis heute.

1) Der Tractus ist stets ein Sologesang. Amalarius *»De ecclesiasticis officiis* II. 12 S. 986 : »Hoc differt inter *responsorium* 'gradale', cui chorus respondet, et *tractum*, cui nemo, quod est inter duo sacrificia« u. s. w.

2) Man vergleiche z. B. die Introiten *»Puer natus est nobis«*, *»Dum medium silentium«*, *»Viri Galilaei«*, desgleichen die Responsorien *»Dominus veniet«*, *»Canite tuba in Sion«*, *»O vos omnes«* mit den entsprechenden Antiphonen. Die Melodie des Versetts des Responsoriums ausgenommen im 4. und 6. Ton ist nichts weiter als eine sehr reiche Variirung der üblichen Psalmodie.

3) Der *Antiphonarius Gregorianus* ist also nach heutiger Ausdrucksweise ein Graduale und das *Responsale Gregorianum* entspricht dem heutigen Antiphonar. — Das St. Gallener Manuscript, welches Lambillotte der es in lithographirter Faksimilirung herausgab für eine Kopie des Antiphonars des h. Gregor hielt, ist ganz einfach ein Cantatorium Amalarius, *De ord. Antiph.*, Vorwort, d. h. das Buch eines Solosängers: es enthält nur die Gradualien, Halleluja und Tractus.

II.

Wir kommen nun zur Frage der Zeitbestimmung. Da müssen wir uns erst über einige Hauptpunkte verständigen, von denen aus sich die Epoche der Entstehung der alten kirchlichen Kunst, der Hauptgegenstand unserer Untersuchung, leichter begrenzen lassen wird.

Um die äusserste Grenze dieser Epoche nach rückwärts festzustellen, ist der Versuch, bis auf die Regierungszeit Kaiser Konstantins zurückzugehen, nutzlos. Über die Formen der Liturgie in den vier ersten Jahrhunderten des Christenthums wissen wir beinahe nichts; und noch viel weniger weiss man, wie die Gesänge beschaffen waren, welche damals bei der Ausübung des Gottesdienstes zur Anwendung kamen. Ausgenommen vielleicht die Gesangsweise der *Präfation* mit dem an sie anschliessenden Chorsatz, dem *Sanctus*, und einige syllabisch komponirte Melodien ambrosianischer Hymnen scheint keins der im heutigen Ritus erhaltenen Gesangsstücke aus dem 4. Jahrhundert herzurühren. Immerhin aber erkennt man doch so viel klar, dass der Orient dem Abendlande in der Organisierung des liturgischen Gesanges vorangegangen ist. Seit der ersten Hälfte des vierten Jahrhunderts besass die syrische Kirche, besonders ihre alte Metropole Antiochia, die Wiege des Christenthums, angestellte Sänger[1], zu einer Zeit, wo in Rom diese

---

1 Kanon 15 des Konzils von Laodicea, um die Mitte des 1. Jahrhunderts (die genaue Zeitbestimmung ist strittig: »Quod non oportet amplius praeter eos qui regulariter cantores existunt, qui et de codice

Seite des Gottesdienstes noch ganz unentwickelt war. Wir werden den Einfluss dieser syrischen — halb griechischen, halb semitischen — Kirche auf die Entwickelung des römischen Kirchengesangs auch in späteren Epochen zu konstatieren haben.

Die älteste uns bekannte Notiz, über das erste Auftreten des Kirchengesangs in Rom findet sich im *Liber pontificalis*, der berühmten Chronik der Päpste, die eine so gediegene Ausgabe durch den Abbé Duchesne erfahren hat [1]). Wir ersehen da, dass der heilige Cölestin (Papst 422—432) den Psalmen-Wechselgesang [2]) in den Gottesdienst einführte, eine Singweise, die um die Mitte des 4. Jahrhunderts in Antiochia [3]) aufgekommen und in Mailand schon etwa seit 40 Jahren angenommen war, auf Veranlassung des h. Ambrosius [4]), des

---

canunt, alios in pulpitum conscendere et in ecclesia psallere‹ Labbé, *SS. Concilia*, Paris 1671, Bd. 1, S. 1497 u. 1511. — Wie aus einem Briefe des Sidonius Apollinaris v. J. 465 (*Ep. XXII*, Ausg. Firmin Didot S. 69, zu ersehen, verwandte man in manchen Kirchen Italiens, besonders zu Ravenna, im 5. Jahrhundert syrische Sänger »In qua palude . . . natant sepulti, vigilant fures, dormiunt potestates, foenerantur clerici, *Syri psallunt*, negotiatores militant« u. s. w.

1, Paris, Ernest Morin 1886 ,die Veröffentlichung ist noch nicht ganz zu Ende gediehen). Dies Dokument hat wirklichen historischen Werth erst vom Pontifikat des Hormisdas ab ,514—523 , zu dessen Zeit alle weiter zurückreichenden Biographien abgefasst wurden.

2, »Hic constituit ut psalmi David CL ante sacrificium psalli *antiphonatim* ex omnibus, quod ante non fiebat«. Bd. I, S. 230 und Anm. 1 S. 231.

3) »Flavianus et Diodorus, monachicam quidem amplectentes vitam, clare autem pro apostolicis dogmatibus laborantes, episcopi Antiocheni Leontii redarguerunt . . . . . Isti namque primi *in duas partes choros psallentium dividentes* ex successione Davidicam melodiam cantare docuerunt. Et hoc in Antiochia primitus fieri coepit et dispersum ad terminos totius orbis pervenit«. Theodoret bei Cassiodor, *Historia eccl. tripart.* Lib. V, Cap. 33 Ausg. Garet S. 250,. Leontius hatte den Bischofssitz zu Antiochia 348—357 inne.

4. St. Augustin, in seinen *Confessiones* erzählt den Hergang mit der Jahrzahl 386: »Cum Justina, Valentiniani regis pueri mater, hominem tuum Ambrosium persequeretur, haeresis suae causa . . . excubabat pia plebs in ecclesia. Tunc hymni et psalmi ut canerentur secundum morem orientalium partium, ne populus moeroris taedio contabesceret, institutum est, et ex illo in hodiernum retentum, multis jam ac paene omnibus gregibus tuis et per caeteras orbis partes imitantibus«. L. IX c. 7. — »Apud Latinos primus idem beatissimus Ambrosius *antiphonas* constituit, Graecorum

Verfassers der ältesten echten Hymnen der abendländischen Kirche.[1])

Über den Ursprung der Responsorialgesänge haben wir keinerlei ähnlichen Aufschluss; doch scheinen dieselben nicht jünger zu sein als die Antiphonen der römischen Liturgie. Zu Beginn des 7. Jahrhunderts schreibt der Bischof Isidor von Sevilla: »Die Antiphonen sind aus griechischen Ländern herüber gekommen; die Responsorien sind vor langer Zeit in Italien aufgebracht worden«. [2])

Wir müssen daher die Periode musikalischer Produktivität, welche das römische Antiphonar entstehen liess, etwa vom Jahre 425 ab datieren.

Etwas schwieriger wird es sein, annähernd genau die Zeit zu bestimmen, wann die Kompositionsarbeit zum Abschluss kam, da die letztere Zeitbestimmung durch Jahrhunderte alte Tradition verschoben worden ist. Um mit Sicherheit und Methode vorwärts zu kommen, werden wir einigermassen einen Umweg machen müssen, indem wir uns gleich ins 9. Jahrhundert versetzen, wo wir einige Schriftsteller — die ältesten über diesen Gegenstand — vorfinden, die uns den römischen Kirchengesang in der Gestalt zeigen, die er bis heute

---

exemplum imitatus. Isidorus Hisp. *Eccl. offic.* L. I c. 7. — Vor Einführung des Psalmen-Wechselgesangs wurden die Offizien der Tagzeiten wahrscheinlich nur in jener halb recitirenden Art (*Cantus directaneus*, vorgetragen, deren man sich für andere Theile der Liturgie bedient (Episteln, Evangelien, Kollecten, Lektionen u. s. w.. St. Augustin beschreibt so die Manier, wie der h. Athanasius zu Alexandria die Psalmen singen liess: »Tam modico flexu vocis faciebat sonare lectorem psalmi ut pronuntianti vicinior esset quam canenti« *Conf.* L. X. c. 33. Vgl. Isidorus Hisp. *Eccl. off.* — Die Ordensregel des h. Benedict ermächtigt zum Palmengesang *in directo* d. h. nur mit gesteigertem Tonfall der Rede für die kleinen Tagzeiten, wenn die Zuhörerschaft eine nur wenig zahlreiche ist. Kap. 17, S. 25). — Manche Klosterbrüderschaften singen die Offizien noch heute so.

1 Um die Mitte des 4. Jahrhunderts hatte der h. Hilarius, Bischof von Poitiers, bereits lateinische Hymnen componirt, doch scheinen dieselben verloren gegangen zu sein; die ihm zugeschriebenen sind apokryph. Dasselbe ist der Fall mit denjenigen Hymnen, die den Namen des Papstes Damasus (366—384 tragen.

2) »*Antiphonas* Graeci primum composuerunt. — *Responsoria* ab Italis longo ante tempore sunt reperta: et vocata hoc nomine, quod uno canente chorus consonando respondeat. Ante autem id solus quisque agebat; nunc unus interdum, interdum duo vel tres communiter, choro in plurimis respondente«. *Eccl. off.* L. I c. 7 u. 8. Vgl. *Etymolog.* L. VI c. 19.

bewahrt hat. Der erste derselben, Amalarius, Diakonus von Metz unter Ludwig dem Frommen, beschäftigt sich hauptsächlich mit den Texten der Gesänge;[1] ein zweiter, Aurelianus, Mönch im Kloster Réomé in der Champagne um 850, klassifizirt die Melodien nach der Ordnung der acht Kirchentöne.[2] Ein dritter, Regino, Abt des Klosters Prüm in der Diözese Trier gegen Ende des Jahrhunderts, giebt uns in seinem kostbaren Tonarius einen sehr ausführlichen Katalog von Antiphonen und Responsorien mit beigefügten Neumennotierungen:[3] der letzte endlich, den unser Land (Belgien) seinen Sohn nennt, Hucbald von Saint-Amand, bespricht in einem Traktat, dessen Autorschaft ihm, wie es scheint, nicht bestritten werden kann, in eingehendster Weise eine Menge liturgischer Melodien.[4]

Aber um die Zeit, wo diese alten Autoren schreiben, ist der Kirchengesang normiert und schon durch lange Gewöhnung sanktionirt; man besitzt seit mehreren Generationen ein officielles Antiphonarium, das übereinstimmt mit dem Ritus, wie er sich in Rom festgestellt hat. Um die älteste Erwähnung einer Sammlung solcher Art zu finden, müssen wir zurückgehen bis auf die Mitte des vorausgehenden Jahrhunderts. Um 760 schickt der Papst Paul I. dem Könige Pipin von Franken, dem Wohlthäter und Beschützer der Kirche, »ein *Antiphonale* und ein *Responsale*«.[5] Weiter zurück tasten wir ins Leere. Kein authentisches Dokument, kein zeitgenössisches Zeugniss giebt die Epoche an, in welcher das Antiphonar re-

---

1. Amalarii Fortunati Metensis Diaconi, ad Ludovicum Pium Imperatorem, *De ecclesiasticis officiis libri IV*; *De ordine Antiphonarii liber*, im 14. Bande der Maxima bibliotheca veterum Patrum Lyon 1677).

2) Aureliani Reomensis *Musica disciplina* bei Gerbert, *Scriptores I*, S. 27.

3. Reginonis Prumiensis *Tonarius*, bei Coussemaker *Scriptores II*, S. 1 ff. (Facsimile).

4) Hucbaldi monachi Elnonensis *Opuscula de musica* bei Gerbert *Scriptores*, I, S. 103 ff. Es ist schwer, sicher zu unterscheiden was von dem Misch-Masch 'salmigondis', den der gelehrte Abt unter Hucbalds Namen veröffentlichte, wirklich dem Mönch von St. Amand mit Recht zugehört. Jedenfalls muss ihm die *Musica Enchiriadis* (S. 152 ff.) abgesprochen werden, wahrscheinlich auch die *Commemoratio brevis de tonis et psalmis modulandis:* doch lässt man ihm bis jetzt die uns hier interessirenden Schriften, nämlich diejenigen, in welchen die sogenannte Dasia-Notation nicht vorkommt.

5) Jaffé, *Regesta Pontificum Romanorum*, 2. Aufl. Leipzig 1881, No. 2351.

digirt wurde und die Arbeit der musikalischen Komposition
seiner Gesänge als abgeschlossen erachtet werden kann.

Doch ist hier wohl zu beachten, dass es zur Zeit Karls
d. Gr. liturgische Bücher, darunter ein Missale oder Sacramentarium und wahrscheinlich auch ein Antiphonarium, giebt,
welche »*gregorianisch*« genannt werden.[1] Ohne Zweifel ist
das der Grund, weshalb im 9. Jahrhundert die Meinung auf-
kam, man verdanke die Organisation des Kirchengesangs dem
den Beinamen des *Grossen* tragenden heil. *Gregor*, dem *ersten* und
berühmtesten der drei Päpste des Namens Gregor, welche vor dem
Erscheinen der fränkischen Monarchen in Rom den Stuhl Petri
innegehabt hatten. [2] In seiner Geschichte des Lebens und
der Wunder des h. Gregor erzählt der Benediktinermönch
Johannes Diakonus (um 852) dass der grosse Papst das Antiphonar zusammengestellt und die päpstliche Sängerschule, die
berühmte *Schola cantorum* gegründet habe, ja dass er selbst
sich damit befasst habe, Kinder im Singen zu unterweisen. Der
gute Mönch versichert, dass noch zu seiner Zeit zu Rom das
Ruhepolster gezeigt wurde, auf welchem der heilige Pontifex
sich während der Unterrichtsstunden niederliess, sowie die
Ruthe, mit welcher er die unaufmerksamen Schüler bedrohte.[3]
Obgleich diese Erzählung seit 1000 Jahren fast einhellig ge-
glaubt worden ist, so wage ich doch, sie in Zweifel zu ziehen,
und werde die Gründe aufzählen, auf welchen meine Ungläu-
bigkeit basiert.

---

1. Brief des Papstes Hadrian an Karl d. Gr., bei Jaffé No. 2473. —
»Auctor Missalis *qui vocatur gregorialis* et Antiphonarii nos tangit ut
recolamus nativitatem Domini celebratam per tres ordines librorum« u. s. w.
Amalarius *De ecel. off.* Kap. 40 (S. 1000).

2) Walafrid Strabo (unter Ludwig dem Frommen) spricht über die
Sache in unbestimmter Form: »Ordinem cantilenae, diurnis seu nocturnis
horis dicendae B. Gregorius plenaria *creditur* ordinatione distribuisse, sicut
et supra de Sacramentorum diximus libro«. *De rebus ecclesiasticis* Kap. 25
(i. d. *Max bibl. vet. Patrum* Bd. 15, S. 195).

3) *Antiphonarium centonem* cantorum studiosissimus nimis utiliter com-
pilavit; *scholam* quoque *cantorum*, quae hactenus iisdem institutionibus in
sancta Romana Ecclesia modulatur, constituit: eique cum nonnullis praediis
duo habitacula, scilicet alterum sub gradibus basilicae B. Petri apostoli,
alterum vero sub Lateranensis patriarchii domibus fabricavit: ubi usque
hodie lectus ejus in quo recubans modulabatur et flagellum ipsius quo
pueris minabatur, veneratione congrua *cum authentico Antiphonario* reser-
vatur« *Vita S. Gregorii Magni* Lib. II cap. 6, bei Mabillon, *Acta Sanctorum
ordinis S. Benedicti* (Paris, Billaine, 1668 Bd. I S. 415).

Erster Einwand. Die Berichte des Johannes Diakonus werden durch kein einziges älteres Dokument bestätigt. Weder die Grabschrift Gregors I., noch die Notiz des *Liber pontificalis*, noch irgend einer der alten Biographen und Panegyriker des Heiligen — Isidor von Sevilla, sein Zeitgenosse; Beda Venerabilis, im folgenden Jahrhundert; Paul Warnefried unter Karl d. Gr.[1]) — weiss irgend etwas von den Dingen, die Johannes Diakonus erzählt; ein Stillschweigen, das um so bedeutsamer ist bei Isidor und Beda, da beide Musikschriftsteller sind und sich viel mit der Liturgie beschäftigen.

Zweiter Einwand. Der h. Gregor ist derjenige Papst, von welchem uns die meisten Schriften erhalten sind.[2]) Er hat uns nicht allein eine grosse Menge theologischer Abhandlungen und Homilien hinterlassen, sondern auch eine Korrespondenz, die über 800 Briefe enthält und das ganze Bereich seiner öffentlichen und privaten Thätigkeit während seines 13 1/2jährigen Pontifikats umfasst. Ich wüsste aber nicht, dass man in dieser Masse von Schriften bis jetzt auch nur eine Zeile gefunden hätte, in welcher auf Arbeiten oder Beschäftigungen betreffs des Kirchengesangs hingedeutet wäre. Für jeden, der ohne vorgefasste Meinung die schriftstellerischen Werke Gregors I. prüft, ist es klar ersichtlich, dass der grosse Papst kein direktes Interesse für den musikalischen Theil des Kultus hegte.[3]) Einmal freilich hatte er sich mit demselben zu beschäftigen, aber in ganz anderer Richtung als die Tradition es uns darstellt. Man höre, wie er in einem Dekret der Synode von

---

1, Isidor. Hisp. *De scriptoribus ecclesiasticis* Kap. 27. — *De viris illustribus* Kap. 2. — Bedae Venerabilis *Historia ecclesiastica gentis Anglorum* 2. Buch, Kap. 1. (Ausg. Stevenson, London 1838 S. 155). — Pauli Diaconi *Vita S. Gregorii* (i. d. Acta SS. ord. S. Benedicti Bd. 1 S. 385).

2) In der Ausgabe der Benediktiner von St. Maur (*S. Gregorii opera omnia*, Paris, Rigaud, 1705) drei starke Foliobände.

3) Ich weiss nicht, woraufhin man dem h. Gregor die Komposition der Hymnen *Lucis creator optime, Audi benigne conditor* u. a. zuschreibt. Alle Welt weiss, dass die lokale Liturgie Roms diese Kategorie von Gesängen gar nicht zuliess, weder im 6. Jahrhundert, noch viel später. Der grosse Papst, dem nicht nur das oberste Kirchenregiment oblag, sondern der auch noch dazu die Bürde schwieriger politischer Verhältnisse zu tragen hatte während der schlimmsten Schreckensjahre, die Rom in seiner langen Geschichte durchgemacht hat, — er hatte schwerlich die Musse, als Hymnendichter zu dilettieren und den Gesanglehrer der Chorknaben zu spielen.

595 spricht: »In dieser heiligen römischen Kirche, deren Leitung die Vorsehung mir anvertraut hat, ist seit lange eine tadelnswerthe Gewohnheit aufgekommen. Man erwählt für den geistlichen Dienst Sänger, welche, sobald sie zum Rang der Diakonen befördert worden, sich einzig und allein mehr mit ihrer Stimme beschäftigen, während es ihnen doch obläge, des Predigerdienstes und der Armenpflege zu walten. So kommt es oft, dass der Priester, der nur die Schönheit seines Organs im Auge hat, versäumt, ein erbauliches Leben zu suchen, und Gott durch seine Aufführung beleidigt, während er das Volk durch seinen Gesang ergötzt. Deshalb verordne ich hiermit, dass im Bereich meiner Jurisdiktion die Diener der heiligen Altäre künftighin nicht mehr zu singen, sondern sich bei der Celebration der Messe nur noch mit der Recitation des Evangeliums zu befassen haben. Die übrigen liturgischen Gesänge sollen durch Subdiakonen und nöthigenfalls durch Kleriker niederen Grades vorgetragen werden.«[1]) Wenn auch diese Disciplinarverfügung in der Folgezeit ausgezeichnete Ergebnisse für die Weiterentwickelung der kirchlichen Kunst gehabt hat, so kann man sie doch schwerlich für eine Massregel zu ihren Gunsten erachten.

Dritter Einwand. Die Dokumente, auf welche Johannes Diakonus seine Behauptungen stützt, namentlich das *gregorianische Antiphonar*, stehen in keiner Weise im Einklang mit dem Kirchenkalender der Zeit des h. Gregor. Dieselben stimmen vielmehr überein mit den liturgischen Gebräuchen gegen Anfang der fränkischen Periode (750). Der Abbé Duchesne verlegt sogar die Zeit der Abfassung des von Muratori herausgegebenen gregorianischen Sakramentars noch weiter vor bis zu Papst Hadrian in die ersten Regierungsjahre Karls d. Gr. [2]) — hieraus folgt, dass man die

---

1) Wir geben den Wortlaut der Verordnung im Anhang A.

2) *Origines du culte chrétien* S. 124. — Das von den Benediktinern im 3. Bande der Werke des h. Gregor herausgegebene Sacramentarium reicht nicht übers 10. Jahrh. zurück; doch sieht man an Einzelheiten (z. B. den *fünf* Advent-Sonntagen) dass die Vorlage, nach der es geschrieben ist, vor Papst Hadrian gehört. Ganz dasselbe können wir über den *Antiphonarius gregorianus* und *Liber responsalis* sagen, die in demselben Bande stehen. Man kann darin ohne Schwierigkeit die ursprünglichen Quellen und die späteren Zusätze unterscheiden. — Auch das den Arbeiten des Amalarius zu Grunde liegende Antiphonar datierte aus der Epoche Hadrians (vgl.

Zusammenstellung des römischen Antiphonars um mehr als
hundert Jahre zu früh angenommen hat; und wenn der Zusatz »gregorianisch« dabei mit irgend welchem Recht figurirt,
so bezieht er sich entweder auf Gregor II., der den päpstlichen Stuhl 715—731 innehatte, oder noch wahrscheinlicher
auf seinen Nachfolger Gregor III., der 741 starb.

Wir können nun einen Schritt weiter gehen und fest-
stellen, dass die Komposition der Melodien zur Zeit dieser
beiden Päpste bereits beendigt war. Eine ganz merkwürdige
historische Thatsache berechtigt uns zur Aufstellung dieser
Behauptung. Im 7. Jahrhundert und bis in die ersten Jahre
des achten Jahrhunderts waren die Kirchen Donnerstags den
Gläubigen verschlossen; ja, es war sogar ausdrücklich verboten, an diesem Tage die Messe zu celebriren, sofern nicht
ein Kirchenfest auf denselben fiel. Der Grund dieses Ver-
bots war, dass nicht nur die Anhänger des alten Kultus, sondern auch viele Christen die Gewohnheit beibehalten hatten,
den dem Jupiter geheiligten Wochentag (Jovis dies, franz.
Jeudi, ital. Giovedì) zu feiern. 200 Jahre nach der offiziellen Aufhebung des heidnischen Kultus und der Schliessung
aller Tempel [1]) hielt sich dieser Gebrauch noch immer; er
wurde feierlich verdammt durch das 589 zu Narbonne ab-
gehaltene Konzil [2]). Im 8. Jahrhundert wurde das gegenstands-
los gewordene Verbot durch Gregor II. aufgehoben, welcher
die Celebration der heiligen Handlungen für die Donnerstage
der Fastenzeit anordnete. Diese spezielle Thatsache ist im
Liber pontificalis [3]) verzeichnet und wird in frappantester Weise
durch die liturgischen Bücher bestätigt. So weist thatsächlich

---

unsern Anhang B); es stand in bemerkenswerther Übereinstimmung mit
dem oben erwähnten *Responsale gregorianum*.

1) Diese Umwandlung des Kultus fand im Jahre 391 statt. Vgl. P.
Allard »*L'art païen et les empereurs chrétiens*« (Paris, Didier 1879 S. 111).

2) Kanon 15: »Ad nos pervenit quosdam de populis catholicae fidei
execrabili ritu *diem quintam feriam*, qui et dicitur Jovis, *multos excolere*
et operationem non facere. Quam rem pro Dei timore execrantes et blas-
phemantes, quicunque ab hac die, praeter festivitates in eo die venientes,
ausus vel ausa fuerit vacare et operam non facere, si ingenuus est aut in-
genua, de ecclesia repellendus . . .« Labbé, *SS. Concilia* (Paris 1671
Bd. 5 S. 1031).

3) »Hic quadragesimali tempore ut *quintas ferias missarum celebritas
fieret* in ecclesias, quod non agebatur, instituit.« Duchesne, *Lib. Pont.*
Bd. 1. S. 402 und S. 412 Anm. 19.

2*

das sogenannte gelasianische Sakramentar — aus dem Ende
des 7. Jahrhunderts [1]) — keine Messe für irgend einen Donnerstag der Fastenzeit auf, während wir deren im ›gregorianischen‹ Sakramentar und Antiphonar für jeden Donnerstag
eine antreffen. Aber es ist zu bemerken, dass die fünf Gesänge dieser Messen aus schon früher existirenden Offizien entnommen sind: ein Beweis, dass man zur Zeit Gregors II. und III. schon keine neuen Melodien mehr komponierte.
Und hier bemerken wir noch weiter, dass die jüngsten Melodien der gregorianischen Sammlung ungefähr um das Jahr
700 komponiert sein müssen, da die Messen, denen für die
Donnerstage der Fastenzeit die Mehrzahl der Gesänge entnommen sind (die Messen der Sonntage nach Pfingsten) im
gelasianischen Sakramentar nicht stehen, also gegen Ende des
7. Jahrhunderts noch nicht existirten. Damit ist der Abschluss
der Entstehungsperiode der Kirchengesänge bestimmt, und wir
erkennen die Gesammtausdehnung derselben: sie umfasst beinahe 300 Jahre, von 425 bis 700.

Wenn es nun gilt, die fortschreitende Entwickelung dieser
Kunst während eines so langen Zeitraumes zu verfolgen —
was bisher nicht einmal versucht worden ist — so sind für
dieselben die Dokumente nur spärlich und lückenhaft. Die
historische Skizze, welche wir mit wenigen Federstrichen um-
reissen werden, ist das Ergebniss einer sehr eingehenden kriti-
schen Analyse der gregorianischen Melodien mit Hülfe der
Lichtstrahlen, welche die reiche kirchliche und die arme musikalische Litteratur dieser Jahrhunderte abgeben.

Wir theilen die ganze oben abgegrenzte Periode in zwei
Epochen:

die erste — die des einfachen oder syllabischen Gesangs —
umfasst die letzten Zeiten des weströmischen Kaiserthums
und die ganze Dauer des gothischen Reichs;

die zweite Periode — die des verzierten Gesangs — fällt zusammen mit der Herrschaft der byzantinischen Kaiser in Rom.

---

1 Duchesne, *Origines du culte chrétien.* S. 119.

III.

Während der ganzen ersten Epoche (425—552) muss der Gesang der christlichen Kirche als einer der Zweige — der jüngste — der griechisch-römischen Musik angesehen werden, die seit den Eroberungen Alexanders die Kunst des ganzen Orients geworden war, und die in den folgenden Jahrhunderten die Herrschaft Roms über das Abendland verbreitet hatte, ohne jedoch die Verschiedenheiten des nationalen Geschmacks zu verwischen. Ebenso wie die polyphone Kunst des heutigen Europa sich, ohne ihr Wesensprinzip aufzugeben, dem musikalischen Gefühl verschiedenstgearteter Nationen anpasst.

Man stellt sich gewöhnlich vor, dass die Musik des heidnischen Alterthums nach dem Siege des Christentums ziemlich schnell unterging. Das ist ein Irrthum. Im 4. Jahrh. und bis gegen Ende des 5. war die Liebhaberei für Musik noch ebenso allgemein verbreitet über die Völkerschaften des weiten römischen Reichs wie *zur Zeit der Antonine. Die grosse Menge fuhr fort, sich täglich ins Theater oder ins *Odeum* zu begeben, wohin sie Aufführungen von Tragödien oder Pantomimen, Konzerte von Gesangs- oder Instrumentalvirtuosen zogen, während die Edlen und Bürger sich zu Hause an Vorträgen von Chorkompositionen ergötzten, die unter der Leitung eines *phonascus* einstudiert und aufgeführt wurden, oder sich begnügten mit der populären Kunst eines Lyraspielers, Schalmeibläsers oder einer syrischen Sängerin, die sich mit einem Saiteninstrument begleitete. [1] In keinem wohlhabenden Hause

---

1) Sidonius Apollinaris rühmt in einem 454 geschriebenen Briefe den König der Westgothen Theodorich und lobt, dass er nicht Gefallen habe an der sinnlichen Musik der vornehmen Römer. »Sic tamen quod illic *nec organa hydraulica sonant, nec sub phonasco vocalium concentus meditatum acroama simul intonat. Nullus ibi lyristes, choraules, mesochorus, tym-*

fehlte die Pflege des Gesangs und Kitharaspiels.[1]) Nach An-
nahme des neuen Glaubens. der die Staatsreligion des Kaiser-
reichs geworden war (im 4. Jahrhundert hatte die Masse der
Bevölkerung der Städte ihre alten Lebensgewohnheiten und
ihren weltlichen Culturstand beibehalten. Im socialen Leben
unterschied sich in keiner Weise der christliche Laie vom
Heiden. der Notable aus der Provinz vom römischen Bürger.
Es bedurfte erst der definitiven Festsetzung der nordischen
Barbaren in Gallien und der vorausgehenden wiederholten
Plünderungszüge. um dort die Überreste römischen Lebens und
römischer Sitten zu vernichten. Als Trier zum dritten Male
zerstört. niedergebrannt und durch die Pest dezimiert war,
sandte die Einwohnerschaft eine Deputation an den Kaiser
und bat um Wiedereröffnung der Schauspiele.[2] In Rom, wo
eine eigentliche Überfluthung nicht stattfand, sondern vielmehr
ein allmähliches Eindringen germanischer Elemente. hielt
sich antike Sitte und Kunstübung während der ganzen Dauer
der Gothenherrschaft. „*Gothorum laus est civilitas custodita*".
sagt der Senator Cassiodor.[3] Unter Theodorich 493—526'
spielte man noch grosse Pantomimen mit Chören und einem
stark besetzten Orchester.[4] Wie zur Zeit Plutarchs wurden
Gastmähler durch Gesänge mit Kitharabegleitung verschönt,
ein Raffinement das Chlodwig. der König der Franken. sofort
nach seiner Festsetzung in Gallien an seinem Hofe einführte.[5]

---

panistria. psaltria canit; rege solum illis *fidibus* delinito, quibus non minus
mulcet virtus animum, quam cantus auditum. Ep. I Ausg. Firmin-
Didot S. 48.

[1] Vgl. u. a. die Stelle aus Ammianus Marcellinus in meiner *Histoire
et Théorie de la musique de l'antiquité* Bd. II. S. 629).

[2] Salviani presbyteri Massiliensis *De gubernatione Dei* das Werk ist
zwischen 440 und 450 geschrieben L VI. c. 15.

[3] Var. l IX. ep. 14.

[4] »Albino et Albieno patriciis, Theodoricus rex . . . Constituatur a
vobis Prasini pantomimus: quatenus sumptum, quem pro spectaculo civitatis
impendimus electis contulisse videamus. Hanc partem musicae disciplinae
mutam nominare majores; scilicet quae ore clauso manibus loquitur et quibus-
dam gesticulationibus facit intelligi quod vix narrante lingua aut scrip-
turae textu possit agnosci. Var. l. 1. ep. 20. — »Pantomimo igitur, cui
a multifaria imitatione nomen est, cum primum in scenam plausibus invitatus advenerit. assistunt consoni chori diversis organis eruditi« Ib. l.
IV. ep. 51.

[5] Vgl. im Anhang C den Brief, in welchem Cassiodor im Namen
des Gothenkönigs seinen Kollegen und Freund Boetius ersucht, den von
Chlodwig gewünschten Virtuosen auszusuchen.

Als zu Ende des 4. Jahrhunderts die Mailändische Kirche und etwas später die Römische den antiphonischen Psalmengesang annahmen, haben da wohl beide auch die Melodien der Sänger von Antiochia mit herübergenommen? Die Sache ist nicht unwahrscheinlich. Gewiss ist, dass die christliche Musik ebenso wie die primitive Malerei der Katakomben, der profanen Kunst ihre Formen und Motive entnahm, allerdings unter sorgfältiger Vermeidung aller Weisen und Wendungen, welche die Erinnerung an gewisse ausschweifende Kulte oder ausdrücklich von der Kirche verbotene Schauspiele hätten wachrufen können. So wie zu Rom der Tempel·„aller Götter" das Pantheon) in die „allen Märtyrern" geheiligte Kirche umgewandelt wurde, und wie die „Mutter Gottes" an die Stelle der Magna Mater deorum (Kybele) trat, wie in Konstantinopel die heilige Sophia die Minerva ersetzte, so wurde später gar manche Melodie, welche zu Ehren des Apollon oder Jupiter erklungen war, berufen, den wahren Gott zu feiern. Der heilige Ambrosius, Prudentius, Sedulius komponierten ihre Hymnen auf die weltlichen Rhythmen des Volksliedes oder der lyrischen Poesie des Horaz. In ähnlicher Weise mussten auch die melodischen Ideen aus der zeitgenössischen Produktion geschöpft werden. Und in der That ist der Vorgang kaum anders vorstellbar, wenn man bedenkt, dass die Kompositionsweise der homophonen Musik bei allen Völkern und zu allen Zeiten ein und dieselbe natürlich sich ergebende ist. Sie besteht nämlich darin, dass man auf Grund gewisser überkommenen melodischen Typen, der sogenannten *Nomoi* (Weisen), neue Gesänge durch Erweiterung, theilweise Umgestaltung und Vermischung entwickelt.[1] Die Motive dieser Nomoi scheinen im Alterthum gar nicht zahlreich gewesen zu sein. Die Zahl der in den Kirchengesang übergegangenen übersteigt nicht 50, und man kann mit Sicherheit aussagen, welcher Art von Musik sie entnommen sind. Ohne allen Zweifel war es nämlich die Gesangsmusik mit Kitharabegleitung, oder um sie mit dem alten technischen Ausdruck zu benennen: die *Kitharodik*. Es ist sehr bemerkenswerth, dass alle lateinischen Hymnen und neun Zehntel aller Antiphonen in den drei Haupttonarten der Kitharoden stehen: der *äolischen* oder *hypodorischen*, der dem ersten und zweiten Kirchentone entspricht; der *iastischen*, die

---

1) *Histoire et théorie de la musique de l'antiquité*, Bd. II S. 316.

auch die *hypophrygische* genannt wird, aus welcher der 7., 8. und 4. Kirchenton[1]) sich entwickelten, und der *dorischen*, von welcher der dritte Kirchenton stammt.[2]) Mit Ausnahme eines Bruchstücks von acht Takten gehören alle in griechischer Notierung auf uns gekommenen Überbleibsel antiker Musik gleichmässig den drei aufgeführten Tonarten an; und zwar sind diese kostbaren Fragmente — allem Anschein nach aus dem zweiten Jahrhundert herrührend — entweder Gesänge zur Kithara oder Übungen für Kithara.

Kann man sagen, dass die ersten Melodien der christlichen Kirche nur eine reine und einfache Reproduktion dieser weltlichen Melodien waren? Durchaus nicht. Zunächst müssen wir auf einen technischen Unterschied hinweisen. Niemals entbehrt im heidnischen Alterthum die Vokalmusik der Instrumentalbegleitung. Das Christenthum der ersten Jahrhunderte verwarf wie Plato in seiner Republik die Heterophonie d. h. die Harmonie im Miteinander (Mehrstimmigkeit): ja es war noch strenger und duldete im Heiligthum kein Musikinstrument. Die Orgel, die uns heute ein so durch und durch kirchliches Instru-

---

1) Ich betrachte den 4. Kirchenton überall, wo ♭ vor h ausdrücklich verlangt oder doch gemeint ist, als eine Transposition des 7. in die Unterquinte mit abweichendem Schluss auf der Terz. Andererseits ist auch der sogenannte unregelmässige 8. ebenfalls ein siebenter, der zufolge ungewöhnlicher Entwickelung auf der Quinte schliesst. Ich glaube desshalb dass die Antiphonen *Veni Domine visitare nos* (im 7. Ton), *Iste puer magnus coram Domino* (im 4. Ton) und *Nos qui vivimus* (im irregulären 8.) auf ein und denselben melodischen Typus zurückzuführen sind. Hier kann ich mich darüber nicht weiter verbreiten; aber sobald ich irgend dazu Musse finde, werde ich gründlich die Frage behandeln: »Die griechisch-römischen Tonarten und Nomoi in den syllabischen Antiphonen«.

2) »Die Haupttonarten der Saiteninstrumente sind die *Doris*, *Jas* und *Aiolis*, dann kommen die *phrygische* und *lydische*.« Pollux, *Onomasticon* l. IV. c. 9. §. 65. — »Die hypodorische ist die geeignetste Tonart für die Kitharodie« [κιθαρῳδικωτάτη] Aristoteles *Problemata* XIX. 48. — Die phrygische Tonart (d' c h a g f c d ist in den einfachen Antiphonen überhaupt nicht vertreten. Ebenso steht es mit der lydischen Tonart im engeren Sinne (c' h a g f c d e), während die beiden Abarten der lydischen Tonart (das »herabgestimmte« und »angespannte« Lydisch) hier und da vorkommen; das »herabgestimmte« Lydisch (chalara oder aneimene lydisti) oder hypolydisch plagal ist der 6. Kirchenton, in welchem kaum ein halbes Dutzend Grundmelodien stehen; das »angespannte« Lydisch (syntonolydisti, mit dem späteren Schluss auf der Tonika) ist der 5. Kirchenton, der ebenfalls in den ursprünglichen Melodien des Antiphones sehr selten vorkommt.

ment dünkt, erklang damals nur unter den Händen von
Virtuosen im Conzert oder Theater. Cassiodor nennt die
Stimme der Gläubigen eine „lebendige Kithara". „Was ehedem" sagt er, „durch die Instrumente gesagt wurde, wird jetzt
durch vernunftbegabte Organe ausgedrückt."[1]) Und in der
That, die Antiphone vor dem Psalm ist nichts anderes als das
Vorspiel des Kitharoden auf die Singstimme übertragen; nach
dem Psalm figuriert sie als Schlussritornell. Übrigens begnügte man sich Anfangs, die Antiphone einfach auf die Silben
der hebräischen Anrufung *Halleluja* zu vokalisieren[2]): ein Gebrauch, der sich bis heute erhalten hat für die kleinen Tagzeiten des Sonntags von den Laudes bis zur None. — Allein
noch viel wichtiger ist der geistige Unterschied zwischen der
heidnischen und der christlichen Kunst. Man könnte die

---

1) Quam mirabilis ex ipsis (psalmis) profluit suavitas ad canendum!
dulcisonum organum humanis vocibus acuulatur: tubarum sonitus grandi-
loquis clamoribus reddunt: vocalem citharam viventium chordarum per-
mixtione componunt; et quidquid ante instrumentis musicis videbatur agi,
nunc probatur per rationales substantias explicari.« *In Psalterio praefatio.*

2) Das Halleluja war ein volksthümlicher Zuruf der Christen in den
ersten Jahrhunderten. Der h. Augustin vergleicht ihn mit den musikalischen Rufen der Matrosen (celeusma oder celeuma), mit welchen sie
einander von weitem anhalten und Antwort gaben: »Celeusma nostrum
dulce cantamus Alleluia, ut laeti et securi ingrediamur ad felicissimam
patriam« bei Gerbert *De cantu et musica sacra* Bd. 1 S. 60). Sidonius
Apollonaris bringt dieselbe Ideenverbindung in einer Dichtung. die ge-
legentlich der Vollendung des Baues der Basilika zu Lyon durch den Bischof Patiens verfasst wurde (um 475):
»Curvorum hinc chorus helciariorum
»Responsantibus *alleluia* ripis,
»Ad Christum levat amnicum celeuma.
»Sic, sic psallite nauta vel viator:
»Namque iste est locus omnibus petendus,
»Omnes quo via duxit ad salutem.«
»Der Chor der Schiffer, auf die Ruder geneigt, sendet zu Christus
seinen Seemannsgruss, dem vom Ufer der Saône) ein Halleluja antwortet.
Das sei unser Gesang zu Wasser und zu Lande! Denn hieher sollen
alle eilen, wohin der Weg zum Heile führt« Ep. 100 (Ausg. Didot S. 153).
Die Halleluja-Antiphonen gehören besonders den Offizien an, an denen
von Alters her die Menge der Gläubigen Theil zu nehmen pflegte. Vgl.
was Amalarius zu den Nokturnen der h. Weihnacht bemerkt *De ord. Antiph.*
c. 15, S. 1043: »Antiphonae quae celebrantur in eadem nocte circa popu-
larem cantum, et deinceps, habent in tertio nocturno Alleluia, ut est *Ipse
invocavit me* et *Laetentur coeli*, — *Notum facit Dominus* nec non et omnes antiphonae habent *Alleluia* quae canuntur in Matutinis (i. e. laudibus).«

liturgische Melodik mit der Sprache des neuen Testaments
vergleichen: hier sind die Worte griechisch, die Construktion
d. h. die Form der Gedanken ist semitisch; dort sind die
Tonarten griechisch-römisch, aber dieselben Intervallfolgen,
welche ehedem den hellenischen Geist ausdrückten, heiter, strah-
lend, aber ohne Innigkeit, falten sich jetzt zu den mystischen
und inbrünstigen Accenten der christlichen Askese. Hören wir
noch Cassiodor, diesen Römer des 6. Jahrhunderts, in welchem
die antike Tradition und der neue Glaube sich in so charak-
teristischer Weise vereinen: „Die iastische Tonart schärft die
Einsicht stumpfer Geister; sie zwingt denen, welche die Be-
gierde irdischer Güter niederzieht, das Verlangen der himmli-
schen Güter auf. Die dorische Tonart weckt keuschen Sinn
und Schamhaftigkeit. Die äolische beruhigt die Stürme der
Seele und bringt nach dem Aufruhr einen heilsamen Schlummer."[1]
Es ist hochinteressant, eine liturgische Melodie im iastischen
Modus — z. B. *O Lux beata trinitas* — mit dem heidnischen Hymnus an die Nemesis[2] hinsichtlich ihrer ästhetischen
Wirkung zu vergleichen. Hier und dort ist die Tonleiter
dieselbe, die Melodielinien sind von gleicher Einfachheit,
der Verlauf der Cantilene, die Schlussfälle weisen nur ganz
leichte Abweichungen auf. Wie kommt es nur, dass der
Hymnus des Mesomedes uns trocken und bizarr scheint,
während wir in der christlichen Melodie etwas undefinirbar
mildes und inniges empfinden, einen verwandten Klang, der
uns zu Herzen geht?

Während dieser ganzen ersten Epoche war die Pflege des
Kirchengesangs rein empirisch. Übrigens war es auf dem
Gebiete der profanen Kunst nicht anders. Nach Schliessung
der heidnischen Schulen (unter Theodosius) fielen die Theorie
der Musik und die Notenschrift, da sie nirgend mehr gelehrt
wurden, schnell in Vergessenheit.[3] Um das Spiel eines In-

---

1 Vgl. Anhang C.
2) Vgl. Anhang D.
3 Unter Kaiser Konstantin setzt Bacchius der Ältere voraus, dass die
griechische Notenschrift allen seinen Lesern bekannt ist, da er sich ihrer
zur Erläuterung seiner Lehrsätze bedient. Gaudentius, der wahrscheinlich
in der letzten Hälfte des 5. Jahrhunderts gelebt hat, spricht von derselben
nur wie von etwas der Vergangenheit angehörigen: »Die Alten«, sagt er,
»verwandten gewisse Buchstaben als Zeichen der musikalischen Töne« (bei
Meibom S. 20).

struments, um Gesang oder Composition zu erlernen, war man
auf das Beispiel des Lehrers, auf das eigene Ohr und die
Übung angewiesen. Das genügte, um Tonartenwesen und
Rhythmik kennen und handhaben zu lernen. [1] Heute ist die
Musik unendlich komplizierter: sehen wir nicht dennoch auch
Personen ohne alle theoretischen Kenntnisse aus reinem
Instinkt ganz korrekt rhythmisierte und harmonisierte Melo-
dien erfinden? Zwar beschäftigten sich einige wenige Gelehrte
in jenen Jahrhunderten der Unbildung mit der ·Musikwissen-
schaft·: aber was man damals mit diesem Namen schmückte,
bestand nur aus mathematischen Berechnungen der Verhält-
nisse der Töne und Intervalle, denen man, so gut es gehen
wollte, einige meist schlecht verstandene Auszüge aus den
Musikschriftstellern des Alterthums beigab: alles das ohne jede
Bezugnahme auf die Praxis. [2] Von einer der christlichen
Musik eigenen Theorie und Notenschrift konnte vor der Mitte
des 7. Jahrhunderts nicht die Rede sein. Cassiodor, der am
Abend seines Lebens (540) in ein Kloster zurückgezogen ein
Handbuch der Musiklehre für seine Mönche verfasste, erwähnt
nur die fünfzehn Transpositionsskalen der jüngeren Aristoxe-
nianer. [3] Achtzig Jahre später begnügte sich Isidor von Sevilla,
die Theorie Cassiodors abzuschreiben und zu excerpiren, und zwar
mit groben Irrthümern: von einer graphischen Darstellung der
Töne aber weiss er nichts, ja er leugnet ihre Möglichkeit. [4]

---

1 Für diejenigen, welche an der Möglichkeit zweifeln, die zahlreichen alten Tonarten zu unterscheiden, ohne ihre Theorie erlernt zu
haben, diene folgende Thatsache als Antwort. Ich kannte in meiner
Jugend einen des Lesens und Schreibens unkundigen Landmann, der nicht
nur in korrekter Weise alle die gebräuchlichen Tonsätze der Offizien sang,
sondern der auch mit Sicherheit die Kirchen- Tonart jedes Gesanges bestimmte. Sobald er die ersten Noten gehört hatte, sagte er ohne Besinnen·
das geht aus dem ersten, siebenten, vierten u. s. w.

2 »Citharoedus ex cithara, auloedus ex tibia ceterique suorum instrumentorum vocabulis nuncupantur. Is vero est musicus, qui ratione per-
pensa canendi scientiam non servitio operis sed imperio speculationis ad-
sumpsit . . . Tria genera sunt quae circa artem musicam versantur: unum
genus est quod instrumentis agitur, aliud fingit carmina, tertium quod
instrumentorum opus carmenque dijudicat. Boetius *de Musica* 1. Buch,
Kap. 34.

3 *De musica* cap. 5 des Tractats *De artibus ac disciplinis liberal.
litterarum* bei Gerbert, *Scriptores* Bd. 1 S. 15 ff.

4 »Sonus, quia sensibilis res est, praeterfluit inter praeteritum tempus,
imprimiturque memoriae . . . Nisi enim ab homine memoria teneantur, soni

Selbst noch Beda Venerabilis (zu Anfang des 8. Jahrhundert scheint noch nichts von Kirchentönen oder von einer Notenschrift in seinem angelsächsischen Kloster gehört zu haben. [1]) Doch müssen um diese Zeit beide Dinge schon seit einiger Zeit in der *Schola* zu Rom gelehrt worden sein. — Kurz — die Sänger, gleichviel ob sie die niederen Weihen hatten, oder Priester, Diakone oder auch Mönche waren, gaben den Texten der Offizien Melodien, indem sie einfach mit Hülfe des Gedächtnisses komponierten — was ist überhaupt das künstlerische Schaffen anderes als ein sich erinnern, mit dem durch die eigene Individualität bedingten Umwandlungs- und Neugestaltungsprozess? — und ihre Gesänge, einmal für den Gottesdienst angenommen, wurden durch das Gedächtniss bewahrt und durch häufiges Hören fortgepflanzt.

So bildete und häufte sich der Schatz der liturgischen Gesänge, wie der Kalender der Kirche sich allmählich mit Festen füllte. In der um 540 verfassten Ordensregel des h. Benedict, haben die Offizien für die Tagzeiten, die gewiss nur wenig von den damals in den Basiliken Roms gesungenen abwichen, bereits einen dem heutigen sehr ähnlichen Zuschnitt. Für die Laudes und Vespern, die beiden ältesten Versammlungszeiten (Synaxen) sind die wichtigsten Psalmen und Cantica die des heutigen Breviers; ebenso ist es mit den ambrosianischen Hymnen, welche zuzulassen das Römische Ritual erst mehrere Jahrhunderte später sich entschloss. Der Psalmengesang ist im allgemeinen antiphonisch, sodass zu vermuthen steht, dass die Antiphonen des Breviers der Wochentage seither zumeist unverändert geblieben sind. [2] Wir sehen ferner, dass für grosse Kirchenfeste (Weihnachten, Epiphanias, Ostern, Himmelfahrt, Pfingsten) ja selbst schon für die Feste

pereunt, quia *scribi non possunt*.« (*Sententiae de musica* bei Gerbert, Sriptores Bd. 1, S. 20).

[1] Derjenige musikalische Traktat, welcher ihm wirklich anzugehören scheint, die *Musica theorica* (S. 344—35 des 1. Bandes der Kölner Ausgabe von 1612 in 8 Bänden)) beschäftigt sich nur mit mathematischen Spekulationen. Das Werk des gelehrten angelsächsischen Mönchs ist der Zeit nach der letzte unter den musikalischen Traktaten, welche von der Theorie der Kirchentöne noch nichts wissen.

[2] Die Officien der Laudes und Vespern nach der Benediktiner Ordensregel s. in Anhang E.

einiger Heiligen ¹) (z. B. S. Peter und Paul) bereits besondere
Offizien existierten. Ohne jeden Zweifel waren auch die
veränderlichen Gesangstücke der Messe ebenso seit jener Zeit
vorhanden — gewiss ist das für die zwischen Epistel und
Evangelium ²) eingeschobenen — aber jedenfalls noch nicht in
der musikalischen Gestalt, in welcher wir sie heute kennen;
diese können sie nicht von der zweiten Hälfte des 7. Jahrhunderts erhalten haben.

Nachdem der Gesang ein integrirender Bestandtheil des
Gottesdienstes geworden war, musste er eine bedeutsame
Stellung in der Ausbildung der jungen Cleriker erlangen.
Der künftige Diakon hatte in seinem Gedächtniss die schon
recht umfängliche Sammlung der liturgischen Melodien zurecht-
zulegen, was ohne anhaltende Übung und zweckmässige An-
leitung nicht wohl möglich war. Die *Lectoren*, Jünglinge mit
heller Stimme, denen die Kirche die Recitation der Bibel-
worte übertrug, wurden die Zöglinge dieser ersten Seminarien,
welche bei den bischöflichen Basiliken sich bildeten.³) Von
Papst Adeodat (gest. 618) meldet uns seine Grabschrift, dass
er, von früher Kindheit an (d. h. also in den ersten Zeiten
der byzantinischen Herrschaft) im Alumnat der Peterskirche
erzogen wurde und sich da Tag und Nacht übte im Lobge-
sang Christi.«⁴)

Während so die Kirchenmusik ohne‧Unterlass an Bedeutung wuchs, erlosch die alte heidnische Kunst und starb
unbemerkt ab; sie unterlag definitiv überall, wo sich die west-
gothischen, fränkischen und longobardischen Eroberer fest-
setzten. Der weltliche Gesang fiel in die Hände der Possen-
reisser, armer Teufel ohne Haus und Herd (»fahrende Leute«),
und begann nun für mehr als fünf Jahrhunderte eine Art
unterirdischer Existenz. Nach der Zerstörung oder Schliessung

1) »In sanctorum festivitatibus vel omnibus solemnitatibus, sicut diximus dominico die agendum, ita agatur; excepto quod psalmi vel anti-phonae vel lectiones ad ipsum deum pertinentes dicantur«. Kap. 14.
2) Duchesne, *Orig. du culte chrétien* S. 159 ff. — Die Messe des Ostersonnabends, die man einhellig für ein Überbleibsel der allerältesten Liturgie hält, hat weder Introitus noch Offertorium, noch Kommunion, auch kein Credo und kein Agnus Dei. Der Epistel folgt kein eigentliches Gradual sondern nur ein Halleluja und ein Tractus.
3) G. B. de Rossi, »*Bollettino di archeologia cristiana*« 2. Jahrg. (1883) 4. Lief. (franz. Ausg. S. 19—20).
4) »Hic vir ab exortu Petri est nutritus ovili . . . . excubians Christi cantibus hymnisonis« *Lib. Pontif.* Bd. 1, S. 320.

der Theater blieb die Bevölkerung der Städte ohne öffentliche Vergnügungen in den öden Strassen mit ihren verfallenen Gebäuden; und bald gab es keine andere Geistesnahrung, keine andere Zerstreuung mehr als die Gesänge der Kirche. Die Herrscher der Barbaren wurden von dem Liebreiz dieser sanften Melodien bezwungen und begeisterten sich für dieselben. Gregor von Tours erzählt, dass König Gunthram als er zur Feier des Martinsfestes i. J. 585 nach Tours gekommen war und an der bischöflichen Tafel speiste, um die Mitte des Mahles darum bat, dass man das Gradual (*psalmus responsorius*) singe, das er am Abend vorher in der Messe gehört habe. [1]

Die Bedeutung des Kirchengesanges für das bürgerliche Leben dieser düstern Zeit erklärt uns die Wichtigkeit, welche die Geistlichkeit diesem Theile ihres Amtes beimass. In Gallien sehen wir den Bischof selbst als Praecentor bei hohen Festen fungieren. Praetextat von Rouen intonierte eben das Offiz der Laudes am Ostersonntag d. J. 586, als ein von Fredegundis gedungener Meuchelmörder sich auf ihn stürzte und ihn mit seinem Dolch erstach. [2] In Rom war um dieselbe Zeit und schon noch früher — wie wir aus der Disciplinarverfügung des h. Gregor wissen — eine schöne mit Geschick behandelte Stimme das sicherste Mittel, sich den Weg zu kirchlichen Würden zu bahnen. [3] Die Sachlage änderte sich freilich, nachdem die Päpstliche Sängerschule fest organisiert worden war. — Aber dies Ereigniss fällt in die zweite Epoche, deren geschichtlichen Inhalt wir mit wenigen Linien andeuten wollen.

1. »Interea jam medio prandii peracto jubet rex (Guntchrammus) ut diaconum nostrum, qui ante diem ad missas psalmum responsorium dixerat, canere juberem. Quo canente, jubet interim mihi ut omnes sacerdotes qui aderant, per meam commonitionem, datis ex officio suo singulis clericis, coram rege juberentur cantare. Per me enim secundum regis imperium admoniti, quisque ut potuit in regis praesentia psalmum responsorium decantavit«. Gregorii episc. Turon. *Hist. eccl. Francorum* l. VIII. cap. 3.

2) »Dum Fredegundis apud Rothomagensem urbem commoraretur, verba amaritudinis cum Praetextato pontifice habuit ... Adveniente autem dominicae Resurrectionis die, cum sacerdos ad implenda ecclesiastica officia ad ecclesiam maturius properasset, *antiphonas juxta consuetudinem incipere per ordinem coepit;* cumque inter psallendum formulae decumberet, crudelis adfuit homicida, qui episcopum super formulam quiescentem, extracto balthei cultro, sub ascella percutit« Ib. l. VIII c. 31 (formula = Betpult.

3) Vgl. auch Duchesne, *Orig. du culte chrétien* S. 161—62.

IV.

Das Ende des Gothenreichs und der Beginn der Herrschaft der byzantinischen Kaiser 552) bezeichnen den Moment, wo zu Rom die letzten Spuren des antiken Lebens verschwinden. Der Kirche, der einzigen moralischen Macht, welche auf den Trümmern der Vergangenheit sich siegreich erhalten hat, fällt nun die Aufgabe zu, die Völker des Abendlandes einer neuen Zukunft entgegenzuführen. Diese zugleich politische, soziale und religiöse Umgestaltung vollzieht sich unter Unglück und Elend ohne Ende. Rom, bereits verarmt und entvölkert infolge langer und mörderischer Kriege, verfällt mehr und mehr vollständiger Verödung durch eine unerhörte Reihe von Landplagen: schreckliche Überschwemmungen, fortwährende Einfälle der Langobarden und schliesslich eine Pest, die in einem Zeitraum von mehr als hundert Jahren wiederholt wüthete. In dieser fürchterlichen Zeit, wo alle zerstörenden Kräfte sich zu verbünden schienen, um die armseligen Überbleibsel des grossen römischen Volkes ganz zu Boden zu drücken[1], entfaltete sich ein neues Leben von ungewöhnlicher

----

[1] St. Gregor d. Gr. ist der Jeremias dieser Unglückszeit; seine Schilderungen derselben 'an verschiedenen Stellen in seinen Schriften) sind von schrecklicher, wahrhaft biblischer Grossartigkeit. In seinen Homilien zum Propheten Ezechiel ruft er aus: »Wohin wir sehen, nichts als Schmerz, wohin wir hören, nichts als Jammer. Die Städte sind zerstört, die Festungen geschleift, das Land ist entvölkert, und die Erde ist eine Einöde geworden. Die Äcker liegen unbebaut, kaum dass in den Städten einige Bewohner geblieben sind, und selbst diese armseligen Überreste des Menschengeschlechts erfahren täglich neue Schicksalsschläge und kommen nicht zur Ruhe. . . . Es giebt keinen Senat mehr, das Volk ist vernichtet, und das verwaiste Rom steht in Flammen (vacua ardet Roma!) . . . Von allen Seiten umstarren uns gezückte Schwerter, und überall stehen wir vor dem drohenden Tode.« Man vergleiche auch seine Beschreibung der grossen Pest und des Einsturzes der Baudenkmäler Roms zufolge der Überschwemmungen der Tiber (590, in der schönen Homilie zum Evangelium des zweiten 'des heutigen ersten) Adventssonntags.

Kraft auf dem Boden der religiösen Begeisterung. Nie sah Rom so viele Kirchen erstehen wie damals. Das gesammte politische Leben konzentrierte sich in diesen geheiligten Heimstätten des Friedens. Die Zahl der kirchlichen Feste wuchs, der öffentliche Gottesdienst, voran die Messe, gestaltete sich prunkender und glänzender, und der musikalische Theil desselben wurde erweitert und bereichert. In der That weist alles darauf hin zu glauben, dass das finstere 7. Jahrhundert — das Jahrhundert Mohammeds! — den Kirchengesang zur vollen Entfaltung brachte: eine Trost spendende Stimme, die in dieser langen Nacht den Menschen die ferne Hoffnung eines neuen Morgenroths zeigte.

Als Ausdruck des christlichen Empfindens in seiner höchsten werkthätigen Begeisterung ist der Gesang der byzantinischen Zeit nicht mehr nur einfache syllabische Melodie wie in den früheren Jahrhunderten, wo Wort und Ton zusammengingen. Jetzt tritt das musikalische Element vor das Wort in die erste Reihe. Die Melodien dieser zweiten Epoche gehören dem verzierten Stil an; sie sind durchsetzt mit oft sehr ausgedehnten melismatischen Figuren, die manchmal ohne allen Text nur vokalisiert werden. In diesen klingenden Arabesken mit ihren seltsam verschlungenen Linien, erkennt man leicht den Einfluss des Orients, der in Rom unter der Herrschaft der Exarchen von Ravenna so mächtig war und der sich auf dem Gebiete der Liturgie auch durch andere charakteristische Neuerungen bemerklich macht, wie z. B. im häufigen Gebrauch der griechischen Sprache in der Kirche[1]) und der Einführung

---

1) Bei der Einsegnung der Konfirmanden sang man im 7. Jahrhundert das Symbolum (Credo) zuerst griechisch und dann lateinisch. Vgl. das Gelasianische Sakramentarium in Muratoris *Liturgia romana vetus* Bd. I S. 540. Beim Officium des Sonnabends vor Ostern wurde ein Theil der Lectionen und Responsorien griechisch, der andere lateinisch gesungen (*Ordo Romanus I*, bei Muratori l. c. Bd. II, S. 998). Dasselbe geschah am Vorabend des Pfingstfestes und an den Sonnabenden der Quatembertage. Das gregorianische Antiphonar und Responsale haben ausserdem den Text griechischer Antiphonen für die Prozession des 2. Februar und für die Vespern der Osterwoche. — Der Gebrauch des griechisch Singens war bereits unter Ludwig dem Heiligen in Rom wieder abgekommen: es ist das sehr wichtig für die Feststellung des Zeitpunkts der Zusammenstellung der gregorianischen Gesangbücher. Amalarius sagt bezüglich der Messe der Quatembersonnabende »Sex lectiones *ab antiquis Romanis* graece et latine legebantur, qui mos apud Constantinopolim hodieque servatur«. *De eccl. off.* lib. II. cap. 1, *de XII lectionibus* (S. 967).

von Festen, die dem römischen Ritual vordem fremd waren.[1]) Die melodischen Motive der verschiedenen Klassen verzierter Gesänge — Responsorien, Introiten, Gradualien, Hallelujah, Traktus, Offertorien und Communionen — sind zumeist dem ursprünglichen Schatze des Römischen Antiphonars entnommen; doch lässt in gewissen Gattungen von Stücken der Komponist seiner Phantasie genügend freien Lauf. Augenscheinlich haben wir im 7. Jahrhundert eine bereits vorgeschrittene Kunst vor uns, die bewusst nach Prinzipien und Regeln schafft und für jede Klasse von Kompositionen bestimmte Formen einhält.

Für eine Musik solcher Art bedurfte es aber geschickter Interpreten. Die Synodalverfügung von 595, welche den eigentlichen Gesang den Priestern und Diakonen verboten hatte, zog die Schaffung einer besonderen Korporation geistlicher Sänger nach sich, die aus Clerikern niederer Grade gebildet wurde. In diesem Sinne hat allerdings Gregor I. Anspruch auf den Namen eines Begründers der Schola cantorum, und vielleicht ist der Bericht des Johannes Diakonus in dieser Hinsicht der Wahrheit entsprechend. Im 7. Jahrhundert tritt die päpstliche Sängerschule aus dem Halbdunkel der Legende hervor und erscheint im vollen Lichte in ihrer doppelten Eigenschaft als Erziehungsanstalt und ausübende Körperschaft, mit ihrer hierarchischen Konstitution und ihrem aus erwachsenen Clerikern und für den geistlichen Stand bestimmten Knaben zusammengesetzten Personenbestande. Nirgends anders als unter den Vorstehern der Schola und unter den Priestern und syrischen Mönchen, die nach dem siegreichen Zuge der Mohamedaner (638) in Italien Zuflucht suchten, haben wir die Komponisten der Responsorien der Nachtoffizien und der besondern Gesangstücke der Messe zu suchen.

Die Päpste des 7. Jahrhunderts, die im allgemeinen sehr auf die Ausstattung und Organisation der Liturgie bedacht waren, haben gewiss alle Sorge auf Vervollständigung des

---

1) Im 7. Jahrhundert wurden nämlich die vier ältesten Marienfeste von Ostrom übernommen: Mariä Reinigung (2. Febr.), welches lange seinen griechischen Namen Hypapante behielt, Mariä Verkündigung (25. März), Mariä Schlaf (Pausatio B. Mariae, jetzt Mariä Himmelfahrt) (15. Aug. und Mariä Geburt (8. Sept.) — Aus derselben Zeit datirt auch die Herübernahme eines andern Festes aus der griechischen Kirche nach Rom, nämlich Kreuzes Erhöhung (15. Sept.. Vgl. *Lib. Pontif.* S. 29 u. 43 über das Leben Sergius' I. (Bd. 1, S. 375 u. 381).

gesanglichen Theils des Gottesdienstes und ganz besonders der Messe verwendet. Die Mehrzahl dieser Päpste kannte die Cantilena romana aus eigener Übung, und mehrfach weist ihre Grabschrift oder Biographie darauf speziell hin.[1]) Aber die hauptsächlichsten Förderer der Kirchenmusik gehören aller Wahrscheinlichkeit nach in die ziemlich lange Periode, in welcher Päpste hellenischer Abstammung auf dem Stuhle Petri sassen: es gab deren elf in der Zeit von 678 bis 752. Inmitten der geistigen Nacht, welche damals das ganze Abendland umfing, erschienen diese wissenschaftlich gebildeten, des Griechischen, Lateinischen, ja selbst der Musik kundigen Päpste den Zeitgenossen als Wunder der Gelehrsamkeit. Unter ihnen zeichnen sich besonders drei sicilianische Griechen aus, welche die Kirche unter die Heiligen versetzt hat. Papst Agathon (678—681) scheint die Texte und Melodien dessen, was man im 8. Jahrhundert das *Responsale* nannte, d. h. des heutigen Antiphonars, der vollständigen Sammlung der Offizien der Tagzeiten für das ganze Kirchenjahr, geregelt oder doch wenigstens definitiv festgestellt zu haben. Beda Venerabilis, der immer glaubwürdig ist, wo es sich um wirkliche historische Thatsachen handelt, belehrt uns, dass Agathon den Archicantor der päpstlichen Basilika nach England schickte, um dort diesen Theil des Kirchendienstes nach römischem Gebrauch zu organisieren.[2]) Leo II. (682—683) wird in der Chronik der Päpste als »tiefer Kenner in Sachen des Kirchengesangs« qualifiziert.[3]) Von Sergius I. wissen so ziemlich alle Historiker und Theoretiker des Kirchengesangs nichts, obgleich doch folgende Aufzeichnung des *Liber pontificalis*, wie mir scheint, verdient hätte, ihre Aufmerksamkeit auf sich zu ziehen: »Sergius, gebürtig aus Palermo, von einem syrischen Vater abstammend, kam nach Rom zur Zeit des Papstes Adeodat (672—676) und wurde in die Reihe der römischen Kleriker

---

[1] Vgl. oben (S. 29 Anm. 4.) die Stelle aus der Grabschrift des Papstes Adeodat. Honorius I. (625—638) wird bezeichnet als *divino in carmine pollens*. *Lib. Pont.* Bd. I, S. 326. Vgl. auch die Biographie Benedictus' II. (684—685) das. S. 363.

[2] Vgl. Anhang F., wo wir alle Stellen der Kirchengeschichte des Beda, die sich auf die Einrichtung und Entwickelung des liturgischen Gesangs in England beziehen, zusammengestellt haben.

[3] »Vir eloquentissimus . . . graeca latinaque lingua eruditus, cantilena ac psalmodia praecipuus«. *Lib. Pont.* Bd. I, S. 359.

aufgenommen; da er gebildet und in der Ausübung des Kirchengesangs geübt war, wurde er zur Verfügung des Vorstehers der Sängerschule gestellt, um an derselben Unterricht zu ertheilen«. [1]) Da er von Leo II., seinem Landsmanne, protegiert wurde, so machte er schnell die untern Grade der kirchlichen Würden durch und wurde 687 auf den päpstlichen Stuhl berufen, den er bis 701 inne hatte. Wir stehen nicht an, in diesem Papste den geistigen Urheber der letzten Arbeiten am römischen Gradual zu erkennen, welche in nichts anderem bestehen konnten als in einer Überarbeitung aller alten Gesänge des Messrituals nach einem einheitlichen melodischen Stilprinzip. Nur eine solche Massnahme kann erklären, wie es kommt, dass die Messen der ältesten Kirchenfeste (Ostern, Himmelfahrt, Pfingsten, Weihnachten, Quatember etc.) Melodien haben, welche hinsichtlich der musikalischen Faktur durchaus denen der Offizien ähnlich sind, welche zur Zeit des Papstes Sergius selbst in die Liturgie eingeführt wurden.

Wir glauben ferner, dass dieser erlauchte Papst der erste war, welcher die römischen Sänger in die Kenntniss der vier Kirchentöne mit ihren plagalen (oder der acht sogenannten gregorianischen Töne) einführte,[2]) eine Lehre die wir für syrohellenisch und von der antiken Tradition unabhängig halten. Da die Theorie der Kirchentöne von der melodischen Zerlegung des Intervalls der *Quinte* ausgeht, so ist sie im innersten Wesen verschieden von der der griechisch-römischen Modal-

---

1) »Sergius, natione Syrus, Antiochiae regionis, ortus ex patre Tiberio in Panormo Siciliae, sedit ann. XIII, mens VIII, dies XXIII. Hic Romam veniens sub sanctae memoriae Adeodato pontifice, inter chorum Romanae ecclesiae connumeratus est; et quia studiosus erat et capax in officio cantilenae, priori cantorum pro doctrina est traditus«. *Lib. Pont.* Bd. I, S. 371. Unsere Uebersetzung fasst den Ausdruck *pro doctrina* in einem Sinne auf, in welchem es ein anderes sehr altes auf die *Schola cantorum* bezügliches Dokument gebraucht, nämlich einen Brief des Papstes Paul I. an Pipin den Kleinen. Wir geben denselben im Anhang G.

2) Das älteste hierauf bezügliche abendländische Dokument ist eine kurze Notiz, die Gerbert (*Script.* I. S. 26) dem Alcuin zuschreibt. Aurelianus Reomensis hat dasselbe ganz aufgenommen (S. 39—40). Die Tonart ist darin geistreicher Weise mit einem Bindemittel verglichen, durch welches alle Töne einer Melodie zusammenhängen »Octo tonos in musica consistere musicus scire debet, per quos omnis modulatio quasi quodam glutino sibi adhaerere videtur«.

skalen oder Harmonien, die auf die sieben *Oktavengattungen* aufgebaut ist. [1]) Erst im 9. Jahrhundert, seit dem ersten Wiederaufleben der gelehrten Studien, begannen die an der Lektüre des Boetius, ihres Orakels, grossgezogenen abendländischen Musikschriftsteller die acht Kirchentöne mit den fälschlich dem Ptolemäus zugeschriebenen acht Transpositionsskalen[2]) zu identifizieren, was eine Quelle von Missverständnissen und Irrthümern wurde, die heute kaum mehr zu entwirren sind. Bis auf den heutigen Tag schrieb die allgemein angenommene Meinung dem heil. Ambrosius die erste Aufstellung der Lehre von den Kirchentonarten zu und dem heil. Gregor den endgültigen Ausbau. Es ist kaum nöthig solche Behauptungen zu widerlegen, die auf nichts begründet sind und im Gegentheil durch die ältesten bekannten Dokumente Lügen gestraft werden. Der Patriarch der mittelalterlichen Musikschriftsteller, Aurelianus Reomensis, um die Mitte des 9. Jahrhunderts spricht von den Kirchentönen wie von einer ziemlich neuen Aufstellung, die jedenfalls viel jüngeren Datums sei als die Komposition der Antiphonen der Tagzeiten. [3]) Er sagt ausdrücklich, dass sie den Griechen, d. h. den Christen des Orients zu verdanken ist, und dass diese darauf sehr stolz waren. Er belehrt uns auch des weiteren, dass Karl d. Gr., um den ihm von den abendländischen Sängern

---

1) Vgl. im Anhang H die Lehre von den Kirchentönen in ihrer ursprünglichen Fassung, Text und Übersetzung, aus der Enchiriadis Pseudo-Hucbalds.

2) Jeder, der ernstlich die griechisch-römische Musiktheorie studiert hat, weiss, dass die Lehre von den acht Tonarten (Transpositionsskalen) von Aristoxenos herrührt. Ptolemäus hat nicht nur nicht die höchste (die hypermixolydische) hinzugefügt, sondern verwirft dieselbe vielmehr ganz ausdrücklich und widmet ein ganzes Kapitel (II, 9) dem Nachweise, dass es nicht mehr als sieben Transpositionsskalen geben kann, entsprechend der Zahl der Oktavengattungen. Man ist versucht zu glauben, dass Boetius die Harmonik des Ptolemäus gar nicht selbst gekannt hat.— Nach dreihundertjährigem Verschwinden (nach Cassiodor) tauchen die Namen der antiken Tonarten bei Aurelian von Réomé wieder auf, doch ohne jede Erklärung ihrer neuen Bedeutung. Die Übertragung der Lehre des Boetius auf die Kirchentöne ist zum ersten Male formuliert in einem musikalischen Traktat Notkers bei Gerbert, *Script.* I, S. 95) oder in einem der beiden Hucbald zugeschriebenen Traktate (das. S. 127 u. 139). Beide Dokumente scheinen in dieselbe Zeit zu gehören (Mitte des 10. Jahrhunderts).

3) »Multo ante hac (antiphonae) inventae sunt quam hi toni, et multa annorum praecessere curricula quod in gremio sanctae camuntur Ecclesiae« (bei Gerbert S. 52).

aufgewiesenen Unvollkommenheiten des Systems abzuhelfen, die acht Kirchentöne auf zwölf erweitern wollte, eine Neuerung, die sogleich von den Griechen nachgeahmt, aber nach kurzer Zeit im Morgen- wie im Abendlande wieder aufgegeben wurde. [1]) Da uns direkte Nachrichten vollständig fehlen, so weist uns alles darauf hin, die Einführung der neuen griechischen Theorie in Rom in die Zeit der griechischen Päpste zu setzen und zwar *vor dem völligen Abschluss der Sammlung der Kirchengesänge*. Denn der musikalische Bau der Responsorialgesänge verzierten Stils setzt für deren Komponisten eine objektive Kenntniss der Theorie voraus. [2]) Der Urheber der Neuerungen ergiebt sich hiernach von selbst: es ist derselbe Papst, den die römische Chronik als *studiosus et capax in officio cantilenae* bezeichnet. der Lehrer der Vorsteher der römischen *Schola*, nämlich Sergius I.

Die Länge und überaus grosse Kompliziertheit der meisten melismatischen Stücke zwingt uns auch, die Einführung eines rudimentären Tonzeichensystems, nämlich der Neumenschrift,[3])

---

1 »Siquid reprehensibile hac in commentatiuncula repererit (lector), emendare festinet: sin autem displicet aut naevum erroris arbitrarit, sciat a Graecorum derivari fonte, una cum musica licentia, omnes tonorum varietates ibi contextas«. Das. S. 53. »Exstitere nonnulli cantores. qui quasdem esse antiphonas, quae nulli earum i. e. varietatum regulae possent aptari asseruerunt. Unde pius augustus avus vester Karolus, paterque totius orbis. quatuor tonos) augere jussit ... Et quia gloriabantur Graeci, suo ingenio octo indeptos esse tonos, maluit ille duodenarium adimplere numerum. Tunc demum Graeci, ut possent nobis esse communes, et eorum toni habere contubernium philosophicum Latinorum, et ne forte inferiores invenirentur gradu, itidemque quatuor ediderunt tonos ... Qui tamen toni modernis temporibus inventi ... semper ad priores octo eorum revertitur modulatio ... Quamobrem non necesse est, priorum monimenta linquere patrum« etc. Das. S. 41—42. — Man sieht aus dieser Stelle, dass der heute so verschiedene Gesang der beiden Kirchen, zur Zeit Karls d. Gr. fast identisch war, was uns auch Amalarius, der sich eine Zeit lang in Konstantinopel aufhielt, bestätigt. Während aber der Gesang der Römischen Kirche heute dasselbe oder doch fast dasselbe ist, was er damals war, hat sich der Gesang der Griechischen Kirche weit von seinem alten Vorbilde entfernt.

2 Das erweist sich besonders aus der häufigen Verbindung des 3. u. 4. wie des 5. u. 6. Tones, die vom musikalischen Gesichtspunkte aus ganz verschiedene Tonarten sind, aber in der Theorie der Kirchentöne künstlich in Konnex gebracht sind.

3 Beda sagt vergl. Anhang F.), dass der Abgesandte des Papstes Agathon, der Archicantor Johannes, nicht nur mündlich lehrte, son-

bis in die Zeit des Papstes Sergius, vielleicht sogar noch etwas
weiter zurückzudatieren; dieselbe ist augenscheinlich für Ge-
sänge mit Melismen ersonnen und für syllabisch komponierte
Melodien sogar unbrauchbar. Ohne ein graphisches Mittel als
Führer für das Gedächtnis scheint es kaum möglich, eine Samm-
lung von mehr als 1000 Gesangsstücken einzuüben und in der
Erinnerung festzuhalten, *von denen die meisten nur einmal im
Jahre gesungen wurden.* In der That ist das aber der einzige
Nutzen, den diese Art von Notenschrift leistet: sie kann im
Geiste die Erinnerung einer bekannten Melodie wachrufen,
nicht aber zur Kenntnis einer neuen Melodie verhelfen.

Wir sind an der Scheide des 7. und 8. Jahrhunderts angelangt. Die liturgische Kunst ist zu normaler Grösse erwachsen.
Im Laufe der folgenden Jahrhunderte und bis zum Ende des
Mittelalters treibt sie zwar noch eine Menge von Nebenzweigen:
in Wahrheit aber entwickelt sie sich nicht mehr weiter.

Nur eine Aufgabe blieb noch zu lösen: die Gruppierung
und Zusammenstellung aller Messgesänge in einer derartigen
Sammlung, wie sie Papst Agathon für die Offizien der Tagzeiten hatte ausarbeiten lassen, mit einem Worte die Redaktion
des Theiles des *Liber Antiphonarius*, der unserem heutigen
Graduale entspricht. Diese Aufgabe fiel, wie wir weiter oben
angegeben haben, aller Wahrscheinlichkeit nach dem Syrier
Gregor III. zu, dem sechsten Nachfolger von Sergius und dem
vorletzten der griechischen Päpste. [1])

---

dem auch die Gesänge der Horen-Offizien aufzeichnete *etiam literis
mandando* , um ihre Verbreitung unter dem angelsächsichen Mönchen und Klerikern zu erleichtern. Schrieb er nur die Texte auf oder
gab er denselben auch Notenzeichen bei? Beim gegenwärtigen Stande
unserer Kenntnisse scheint mir eine Beantwortung dieser Frage nicht möglich. — Jedenfalls steht fest, dass die ältesten bekannten Denkmäler der
Neumenschrift nicht über das Ende des 9. Jahrhunderts zurückreichen. Die
verschiedenen mit Hülfe des lateinischen Alphabetes gebildeten Noten-
schriftarten deren es meines Wissens mindestens vier giebt, tauchen ebenfalls um dieselbe Zeit auf.

1 Dieser Papst entfaltete eine grosse Thätigkeit auf liturgischem
Gebiet. Er richtete in mehreren Kirchen Roms neue Offizien ein
und regelte deren Organisation bis ins Kleinste bezüglich des Gesanges.
Lib. Pont. Bd. 1, S. 417 VI , 419 X, 421 XVII. — Bemerken wir noch,
dass wir sechs Jahre nach dem Tode Gregors III. zum ersten Male von
liturgischen Sammlungen, die unseren Gradualien entsprechen, reden hören.
Im Jahre 747 besassen die Kirchen Englands römische Bücher, welche die

Wie konnte aber die Erinnerung der Thatsachen, deren Wiederaufweisung wir hier versucht haben, so früh in Rom verwischt werden? — Warum liest man die Namen Agathon, Leo II., Sergius I. und Gregor III. nicht in den Annalen des katholischen Kirchengesangs?

Die Lösung dieses Problems ist wahrscheinlich in dem Religions- und Nationalitätenhass zu suchen, der zwischen Rom und Konstantinopel seit dem Schisma der Bilderstürmer (726) aufflammte, ein Hass, der noch wuchs, als die vollständige Scheidung der beiden Kirchen unvermeidlich wurde und das Papstthum das Joch der byzantinischen Despoten gegen das hochherzige Protektorat der Monarchen der karolingischen Dynastie vertauschte. Das könnte wohl die lateinischen Chronisten wie Johannes Diakonus, veranlasst haben, einen diskreten Schleier über viele Handlungen zu werfen, die von orientalischen Päpsten herrühren, und ausschliesslich die grossen Päpste italischer Abstammung ins Licht zu stellen.

Wenn es mir gestattet wäre, mein Programm in seinem ganzen Umfange zu entwickeln, so hätte ich noch weiter nachzuweisen:

Die Verbreitung des Kirchengesangs über das ganze christliche Abendland zur Zeit Pipins und Karls d. Gr., und die bemerkenswerthe Regsamkeit auf dem Gebiete der musikalischen Studien, welche deren Folge war;

das erste Erwachen musikalischer Produktivität nördlich der Alpen im Laufe des 10. Jahrhunderts unter dem befruchtenden Einflusse des römischen Antiphonars, das im Mittelalter die alleinige Quelle melodischer Anregungen war, wie die Iliade die Quelle aller Poesie im griechischen Alterthum;

die Erfindung einer vollkommenen Notenschrift im 11. Jahrhundert, ein Ereigniss, das für die europäische

---

Messgesänge enthielten. Der 13. Kanon des Konzils von Cloveshou besagt: »Ut uno eodemque modo . . . in missarum celebratione, in cantilenae modo (festivitates) celebrentur *juxta exemplar videlicet quod scriptum de Romana habemus Ecclesia*. Labbé, *SS. Concilia* Bd. VI, S. 1577.

Musik ebenso wichtig war wie für die Litteratur die
Schaffung des Alphabets.

Weiter hätte ich Ihnen das Musikschaffen des Mittelalters auf einem ganz andern Gebiete zu zeigen und
ihnen von einer neuen Kunst zu erzählen, welche
neben der alten entstand: *dem Gesang mit mehreren
gleichzeitig sich entwickelnden Melodien,* einer in ihren
Anfängen barbarische und unbehülfliche Musik, die
nach langem und mühseligem Wachsthum im 15. Jahrhundert unter den geschickten Händen der Meister
des Kontrapunktes aus Flandern und dem Hennegau
eine ganz besondere Kunst wurde, die ihren Höhepunkt
im 16. Jahrhundert erreichte. Endlich, um den Schick-
salen der griechisch-römischen Musik bis zum letzten
Ende nachzugehen, hätte ich ihnen noch zu zeigen,
wie der Gesang der römischen Kirche, nachdem er
zum letzten Male seine Lebenskraft in der Zeugung
des protestantischen Chorals erwiesen — das Kind
seines Greisenalters — ohne Wiederkehr sich in die
abendländische Polyphonie verlor, die von diesem
Zeitpunkte an die *Kunst der harmonisirten Melodie*
wurde, die Musik des heutigen Europa.

Aber vielleicht habe ich ihre Aufmerksamkeit schon auf
eine zu harte Probe gestellt. — Ich schliesse daher mit dem
Danke, dass Sie mir gestattet haben, vor ihnen die Erinnerung
an diese ehrwürdigen Gesänge wachzurufen, welche mit dem
ganzen Leben unserer Ahnen während einer langen Reihe
von Jahrhunderten so innig verwachsen waren; diese einfachen
und rührenden Weisen, in denen — über Zeitalter hinweg —
die Seele des ersten Christenthums zur modernen Seele spricht
und ihr die noch bebenden Laute seiner Schmerzen und
und Freuden, seines glühenden Glaubens und seiner unver-
gänglichen Hoffnungen übermittelt.

ANHANG.

A.

Verordnung der Synode von Rom, vom 5. Juli 595.

«Regnante in perpetuum Domino nostro Jesu Christo,
«temporibus piissimi ac serenissimi Domini Mauritii Tiberii et
«Theodosii Augustorum, ejusdem Domini imperii Mauritii anno
«tertio-decimo, indictione tertia-decima, quinto die mensis
«Julii : Gregorius papa coram sanctissimo beati Petri corpore
«cum episcopis omnibus ac Romanae Ecclesiae presbyteris
«residens, adstantibus diaconibus, et cuncto clero dixit:
«In sancta Romana Ecclesia, cui divina dispensatio prae-
«esse me voluit, dudum consuetudo est valde reprehensibilis
«exorta, ut quidam ad sacri altaris ministerium cantores eli-
«gantur et in diaconatus ordine constituti, modulationi vocis
«inserviant, quos ad praedicationis officium eleemosynarumque
«studium vacare congruebat. Unde fit plerumque, ut ad
«sacrum ministerium dum blanda vox quaeritur, quaeri con-
«grua vita negligatur, et cantor minister Deum moribus stimulet,
«cum populum vocibus delectat. Qua in re praesenti decreto
«constituo, ut in hac sede sacri altaris ministri cantare non
«debeant, solumque Evangelicae lectionis officium inter missarum
«solemnia exsolvant. Psalmos vero ac reliquas lectiones censeo
«per subdiaconos, vel si necessitas fuerit, per minores ordines
«exhiberi. Si quis autem contra hoc decretum meum venire
«tentaverit, anathema sit. Et omnes responderunt: Anathema sit.

S. *Gregorii opera omnia* Ausg. der Benedictiner von Saint-Maur,
Paris, Rigaud, 1705, Bd. II, S. 1208.

B.

Auszug aus der Vorrede des Buches *De Ordine Anti-phonarii* von Amalarius.

«Cum longo tempore taedio affectus essem propter anti-
«phonarios discordantes inter se in nostra provincia (moderni
«enim alio ordine currebant quam vetusti. et quid plus reti-
«nendum esset, nesciebam), placuit Ei qui omnibus tribuit
«affluenter ab hoc scrupulo liberare me, inventa copia anti-
«phonariorum in monasterio Corbien, id est, tria volumina de
«nocturnali officio et quartum quod solummodo continebat diur-
«nale, certavi a pelago curiositatis carbasa tendere ad portum
«tranquillitatis. Nam quando fui missus Romam a sancto et
«christianissimo imperatore Hludovico [1]) ad sanctum et reve-
«rendissimum papam Gregorium, [2]) de memoratis voluminibus
«retulit mihi ita idem papa : *antiphonarium non habeo quem*
«*possim mittere filio meo domino Imperatori, quoniam hos quos*
«*habuimus, Wala,* [3]; *quando functus est huc legatione aliqua,*
«*abduxit eos hinc secum in Franciam.* Quae memorata volumina
«contuli cum nostris antiphonariis. invenique ea discrepare a
«nostris non solum in ordine, vero etiam in verbis et multi-
«tudine responsoriorum et antiphonarum quas nos non can-
«tamus.... Inveni in uno volumine memoratorum antiphona-
«riorum, ex his quae infra continebantur, *esse illud ordinatum*
«*prisco tempore ab Hadriano Apostolico. Cognovi nostra volu-*
«*mina antiquiora esse aliquanto tempore volumine illo Romanae*
«*urbis.* In quibus tamen alicubi cognovi corrigi posse nostra
«ab illis, et in aliquibus nostra esse rationabilius et satius
«statuta.... Arripui medium inter utraque, ut a nostris, ubi
«melius erant ordinata, non discederem; et ubi poterant corrigi
«a voluminibus Urbis, non negligerem, seu in ordine, seu in
«verbis...

1, Ludwig der Heilige.
2. Gregor IV., Pabst von 827 bis 844.
3) Wala, berühmter Abt des Klosters Corbie, leiblicher Vetter Karls
d. Gr., Rath Lothars, Königs von Italien (gest. 836).

«Notandum est volumen quod nos vocamus *Antiphonarium*
«tria habere nomina apud Romanos. Quod dicimus *Gradale*,
«illi vocant *Cantatorium*: [quod] adhuc juxta morem antiquum
«apud illos in aliquibus ecclesiis in uno volumine continetur.
«Sequentem partem dividunt in duobus nominibus : pars quae
«continet responsoria vocatur *Responsoriale* et pars quae con-
«tinet antiphonas vocatur *Antiphonarius.*»

Max. bibl. vet. Patrum, Bd. XIV, S. 1032.

C.

Brief (geschrieben gegen 508, in welchem Cassiodor
im Namen König Theodorichs seinen Freund und Collegen Boetius beauftragt, für den Frankenkönig Chlodwig einen begabten Kitharaspieler zu suchen.

«Boetio patricio Theodoricus rex.

«Cum rex Francorum, convivii nostri fama pellectus, a
«nobis citharoedum magnis precibus expetiisset, sola ratione
«complendum esse promisimus, quod te eruditionis musicae
«peritum esse noveramus. Adjacet enim vobis doctum eligere,
«qui disciplinam ipsam in arduo collocatam potuistis attingere.
«Quid enim illa praestantius, quae coeli machinam sonora
«dulcedine [modulatur], et naturae convenientiam, ubique dis-
«persam, virtutis suae gratia comprehendit? Quidquid enim in
«conceptum alicujus modificationis existit, ab harmoniae con-
«tinentia non recedit. Per hanc competenter cogitamus, pulchre
«loquimur, convenienter movemur; quae quoties ad aures nostras
«disciplinae suae lege pervenerit, imperat cantum, mutat ani-
«mos : artifex auditus et operosa delectatio . . . .
«Incorpoream animam corporaliter mulcet, et solo auditu ad
«quod vult deducit : quam tenere non praevalet verbo, tacite
«manibus clamat, sine ore loquitur et per insensibilium obse-
«quium praevalet sensuum exercere dominatum.

«Hoc totum inter homines *quinque tonis* agitur, [1]) qui
«singuli provinciarum ubi reperti sunt nominibus vocitantur.
«Miseratio quippe divina localiter sparsit gratiam, dum omnia
«sua valde fecit esse laudanda. *Dorius* pudicitiae largitor et
«castitatis effector est. *Phrygius* pugnas excitat et votum furoris
«inflammat. *Aeolius* animi tempestates tranquillat, somnumque
«jam placatis attribuit. *Iastius* intellectum obtusis acuit, et
«terreno desiderio gravatis coelestium appetentiam bonorum
«operator indulget. *Lydius* contra nimias curas, animaeque
«taedia repertus, remissione reparat, et oblectatione corroborat.
«Haec [2]) ad [saltationes] corruptibile sacculum flectens, honestum
«remedium turpe fecit esse commentum.

«Hic vero numerus quinarius trina divisione consistit.
«Omnis enim tonus habet summum et imum; haec autem
«dicuntur ad medium. [2]) Et quoniam sine se esse non possunt,
«quae alterna sibi vicissitudine referuntur, utiliter inventum
«est *artificialem musicam*, id est actorum operationibus diversis
«organis exquisitam, *modis quindecim* contineri.

«His rebus aliquid majus adjiciens humana solertia, terris
«quamdam harmoniam doctissima inquisitione collegit, quae
«*diapason* nominatur, ex omnibus scilicet congregata : ut virtutes
«quas universum melos habere potuisset, haec adunatio mira-
«bilis contineret. . . . Hinc Orpheus mutis animalibus efficaciter
«imperavit. . . . Illo cantante, amaverunt siccas Tritones terras;
«Galatea lusit in solidis; descruerunt ursi amabiles silvas. . . .
«Sed haec omnia humano studio per *manualem musicam* videntur
«effecta.

«*Naturalis* autem *rhythmus* animatae voci cognoscitur attri-
«butus, qui tunc pulchre melos custodit, si apte taceat, con-
«gruenter loquatur, et per accentus viam, musicis pedibus,
«composita voce gradiatur. Inventa est quoque ad permovendos
«animos oratorum fortis ac suavis oratio, ut criminosis iras-
«cantur judices, misereantur errantibus, et quidquid potest elo-
«quens efficere, ad hujus disciplinae non est dubium pertinere

1) *Tonus* hat hier den Sinn von Oktavengattung, Intervallordnung,
ohne bestimme Tonhöhe und ist zu rechnen von einem Haupttone aus, der
meist der Schlusston des Gesangs ist. *Modus*, das weiterhin vorkommt,
bedeutet Tonart, Transpositionsskala.

2) *Haec* bezieht sich auf die Ausdrücke *dorius*, *phrygius*, *aeolius*,
iastius, *lydius*. Bekanntlich bilden die fünf so benannten Transpositionsskalen das Centrum der 15 neu-aristoxenischen.

«gloriam. Poetis etiam, Terentiano testante, *duo* primum *metra*
«*principalia* sunt attributa, id est *heroicum* et *iambicum* : unum
« quod erigeret, alterum quod placaret. [1]) Ex quibus ad oblec-
«tandum animos audientium diversa progenita sunt. Et ut
«in organis toni, ita in humana voce varias animi affectiones
«gravida metra pepererunt.

«Sirenas in miraculum cantasse curiosa prodit antiquitas;
«et quamvis navigantes fluctus abduceret, carbasa ventus in-
«flaret, eligebant, suaviter decepti, scopulos incurrere ne tantam
«paterentur dulcedinem praeterire. Quibus solus Ithacus evasit,
«qui nautis sollicitatorem protinus obstruxit auditum contra
«noxiam dulcedinem. . . .

«Verum ut et nos talia exempla sapientis Ithaci transeamus,
«loquamur de illo lapso e coelo *Psalterio*, quod vir toto orbe
«cantabilis ita modulatum pro animi sospitate composuit, ut
«iis hymnis et mentis vulnera sanarentur et divinitatis singu-·
«laris gratia conquiratur. En quod saeculum miretur et cre-
«dat : pepulit Davidica lyra diabolum, sonus spiritibus imperavit;
«et canente cithara ter rex in libertatem rediit, quem internus
«inimicus turpiter possidebat.

«Nam licet hujus delectationis organa multa fuerint exqui-
«sita, nihil tamen efficacius est inventum ad permovendos animos
«quam concavae *citharae* blanda resultatio. Hinc etiam appel-
«latam existimamus *chordam* quod facile corda moveat. Ubi
«tanta vocum collecta est sub diversitate concordia, ut vicina
«chorda pulsata alteram faciat sponte contremiscere, quam
«nullum contigit attigisse. Tanta enim vis est convenientiae,
«ut rem insensualem sponte se movere faciat, quia ejus sociam
«constat agitatam. Hinc diversae veniunt sine lingua voces;
«hinc variis sonis efficitur quidam suavissimus chorus, illa
«acuta nimia tensione, ista gravis aliqua laxitate, haec media
«tergo [tenore?] blandissime temperato, ut homines se ad tan-
«tam perducere non praevaleant unitatem, in quantam ad
«socialem convenientiam ratione carentia pervenerunt. Ibi enim
«quidquid excellenter, quidquid ponderatim, quidquid rauce,
«quidquid purissime, aliasque distantias sonat, quasi in unum

---

1) Das aufregende (diastaltische) Ethos eignet dem *genus iambicum*
(dreiteiligen Takt), das beruhigende (hesychastische) dem *genus dactylicum*
(zweiteiligen Takt).

«ornatum constat esse collectum. Et ut diadema oculis varia
«luce gemmarum, sic cithara diversitate soni blanditur auditui. . .
    «Sed quoniam nobis facta est voluptuosa digressio (quia
«semper gratum est de doctrina colloqui cum peritis) citharoe-
«dum quem a nobis diximus postulatum, sapientia vestra eligat
«praesenti tempore meliorem : facturus aliquid Orphei, cum
«dulci sono gentilium fera corda domuerit. . . .»

Var. 1. II. ep. 40 (Ausg. Garet, Bd. I. S. 35 ff.).

    In dem hierauf folgenden Briefe (1. II, 41), der an Chlod-
wig selbst gerichtet ist und ihm zu einem über die Alemannen
erfochtenen Siege beglückwünscht, kündigt Theodorich durch
seinen Vermittler Cassiodor die demnächstige Ankunft des
Virtuosen am Hofe des Frankenkönigs an: «Citharoedum etiam,
«arte sua doctum, pariter destinavimus expetitum, qui ore
«manibusque consona voce cantando, gloriam vestrae potestatis
«oblectet. Quem ideo fore credimus gratum, quia ad vos eum
«judicastis magnopere dirigendum.»

D.

Anfang des Hymnus an *Nemesis* [1]), Gesang zur Kithara,
von Mesomedes von Kreta (2. Jahrh.).

NE - ME - ΣΙ πτε - ρό - εσ - σα, βι - ου ρο - πά,

κυ - α - νῶ - πι θε - ά, θύ - γα - τερ Δί - κας,

---

1) Nach dem Vorgange Bellermanns (*die Hymnen des Dionysius und
Mesomedes*), habe ich in meiner *Histoire de la Musique de l'Antiquité*,

ὰ κοῦ - φα φρο - άγ - μα - τα θνα - των

ἐπ - έ - χεις ἀ - δά - μαν - τι χα - λι - νῷ. ‖ etc.

Melodie des Ambrosianischen Hymnus *O lux beata Trinitas* (4. Jahrh.), der Sonnabends um die Vesper gesungen wird.

O lux be - a - ta Tri - ni - tas ‖ Et prin - ci - pa - lis u - ni - tas! ‖

Jam sol re - ce - dit i - gne - us ‖ In - funde a - mo - rem cor - di - bus. ‖

diese Melodie in kyklischen (dreizeitigen) Anapästen notiert. Die Existenz eines solchen Rhythmus in den griechisch-römischen Gesängen ist heute fraglich geworden. Man muss daher auf den gewöhnlichen (zweizeitigen) Anapäst zurückkommen, der hier mit (dreizeitigen) Jamben wechselt, eine Kombination, die dem modernen Musiker keinerlei Schwierigkeiten für die Ausführung macht, sobald man nur dem Gebrauch der Alten entsprechend auf jeden Anapäst nur einen Schlag (eine Zählzeit rechnet. Es ist das ganz und gar unser $\frac{2}{2}$ Takt, mit gelegentlicher Triolenbildung für eine der beiden Zeiten. Wir zeigen die Zeiten durch β (= basis, Niederschlag), und (α = arsis, Auftakt) an.

E.

Das Officium der Laudes *(matutinorum solemnitas)* und das der Vesper *(vespertina synaxis)* nach der Ordensregel der Benediktiner (Cap. 12, 13, 17 u. 18).

Bemerkung. Die Texte der ambrosianischen Antiphonen und Hymnen sind in dem Dokument nicht angegeben. Wir fügen dieselben als Konjektur in Klammern[1]) bei. Ein Sternchen zeigt die Stücke an, die heute bei den fraglichen Offizien nicht mehr gesungen werden.

I. LAUDES MATUTINAE IN DOMINICA.

a) Ps. 66, sine antiphona : Deus misereatur nostri.
b) *Ant.* Alleluia. ⎰ Ps. 50 : Miserere mei Deus.
c)   ⎱ Ps. 117: Confitemini Domino, quoniam bonus.
d)   Ps. 62 : Deus, Deus meus, ad te de luce vigilo.
e) *Ant.* [Tres pueri etc.] Canticum trium puerorum.
f) *Ant.* Alleluia. Ps. 148 : Laudate Dominum de coelis; Ps. 149 : Cantate Domino; Ps. 150 : Laudate Dominum in sanctis ejus.
g) *Lectio de Apocalypsi. — h) *Responsorium (breve).
i) Hymnus ambrosianus [Aeternae lucis conditor[1])].
j) Versus. — k) *Ant.* [?] Cant. Zachariae : Benedictus Dominus Deus Israel.
l) Kyrie.

IN FERIA SECUNDA.

a) Ps. 66, sine antiphona : Deus misereatur nostri.
b) *Ant.* [Miserere mei etc.] Ps. 50 : Miserere mei Deus.
c) *Ant.* [Intellige clamorem meam.] Ps. 5 : Verba mea.
d) *Ant.*   Ps. 35 : Dixit injustus ut delinquat.

---

1) Der Gebrauch der hier angezeigten Hymnen für die Laudes und Vespern ist im 6. Jahrh. verbürgt durch die Vorschrift des Aurelian, Bischofs von Arles (gest. 555. Vgl. Daniel, *Thesaurus hymnologicus* (Halle und Leipzig, 1841—1855.), Bd. IV, S. 14.

c) *Ant.* [Conversus est furor tuus etc.] Cant. Isaiae : Confitebor
tibi Domine.
f) *Ant.* [Laudate Dominum de coelis.] Pss. 148, 149, 150.
g) *Lectio Apostoli (Pauli). — h) *Responsorium (breve).
i) Hymnus ambrosianus [Splendor paternae gloriae].
j) Versus. - k) *Ant.* [Benedictus Dominus etc.] Cant. Zachariae.
l) Kyrie.

IN FERIA TERTIA.

a) Ps. 66, sine antiphona.
b) *Ant.* [Dele, Domine, iniquitatem meam.] Ps. 50.
c) *Ant.* [Salutare vultus mei etc.] Ps. 42 : Judica me Deus.
d) *Ant.*   *Ps. 56 : Miserere. . . . quoniam in te.
e) *Ant.* [Cunctis diebus etc.] Cant. Ezechiae : Ego dixi.
f) *Ant.* [Omnes angeli ejus etc.] Pss. 148, 149 et 150.
Ad Bened. *Ant.* [Erexit nobis Dominus etc.].
Reliqua ut in feria II.

IN FERIA QUARTA.

a) Pss. 66, sine antiphona.
b) *Ant.* [Amplius lava me etc.] Ps. 50.
c) *Ant.*   *Ps. 63 : Exaudi Deus orationem
meam.
d) *Ant.* [Te decet etc.] Ps. 64 : Te decet hymnus Deus in Sion.
e) *Ant.* [Dominus judicabit etc.] Cant. Annae : Exsultavit cor
meum.
f) *Ant.* [Coeli coelorum etc.] Pss. 148, 149 et 150.
Ad Bened. *Ant.* [De manu omnium etc.]

IN FERIA QUINTA.

a) Ps. 66, sine antiphona.
b) *Ant.* [Tibi soli peccavi etc.] Ps. 50.
c) *Ant.*   *Ps. 87 : Domine Deus salutis
meae.
d) *Ant.* [Domine, refugium etc.] Ps. 89 : Domine, refugium fac-
tus es nobis.
e) *Ant.* [Cantemus Domino gloriose.] Cant. Moysi : Cantemus.
f) *Ant.* [In sanctis ejus etc.] Pss. 148, 149 et 150.
Ad Bened. *Ant.* [In sanctitate serviamus].

IN FERIA SEXTA.

a) Ps. 66, sine antiphona.
b) *Ant.* [Spiritu principali etc.] Ps. 50.
c) *Ant.*   *Ps. 75 : Notus in Judaea Deus.
d) *Ant.* [Bonum est etc.] Ps. 91 : Bonum est confiteri Domino.
e) *Ant.* [Domine audivi etc.] Cant. Habacuc : Domine audivi.
f) *Ant.* [In tympano et choro etc.] Pss. 148, 149 et 150.
       Ad Bened. *Ant.* [Per viscera misericordiae etc.].

IN SABBATO.

a) Ps. 66, sine antiphona.
b) *Ant.* [Benigne fac etc.] Ps. 50.
c) *Ant.* [In veritate tua etc.] Ps. 142 : Domine exaudi orationem
       meam.
d) *Ant.* [Date magnitudinem etc.] Cant. Moysi (pars prima) :
       Audite coeli.
e)   Cant. Moysi (pars altera).
f) *Ant.* [In cymbalis benesonantibus etc.] Pss. 148, 149 et 150.
       Ant. ad Bened. [Illuminare Domine etc.].

II. Vesperae in Dominica

a) *Ant.* [Dixit Dominus etc.] Ps. 109 : Dixit Dominus Domino
       meo.
b) *Ant.* [Fidelia etc.] Pss. 110 : Confitebor tibi in toto corde meo.
c) *Ant.* [In mandata ejus etc.] Ps. 111 : Beatus vir qui timet
       Dominum.
d) *Ant.* [Sit nomen Domini etc.] Ps. 112 : Laudate pueri Do-
       minum.
e) Lectio. — f) *Responsorium (breve).
g) Hymnus ambrosianus [Deus creator omnium].
h) Versus. — i) *Ant.* (?) Cant. Mariae : Magnificat.
j) Kyrie et oratio dominica.

IN FERIA SECUNDA.

a) *Ant.* [Nos qui vivimus etc.] Ps. 113 : In exitu Israel de
       Ægypto.

b) *Ant.* Inclinavit Dominus etc.] Ps. 111 : Dilexi, quoniam exaudiet Dominus.

c) *Ant.* [Credidi etc.] Ps. 115 : Credidi propter quod. Ps. 116 : Laudate Dominum omnes gentes.

d) *Ant.* [Saepe expugnaverunt me etc.] Ps. 128 : Saepe expugnaverunt me.

e) Lectio. — f *Responsorium (breve .

g) Hymnus ambrosianus [Deus qui certis legibus].

h) Versus. — i) *Ant.* [Magnificat anima mea etc.] Cant. Mariae.

j) Kyrie et oratio dominica.

IN FERIA TERTIA.

a) *Ant.* [De profundis etc.] Ps. 129 : De profundis clamavi.

b) *Ant.* [Speret Israel etc.] Ps. 130 : Domine, non est exaltatum.

c) *Ant.* [Et omnis mansuetudinis ejus.] Ps. 131 : Memento, Domine, David.

d) *Ant.* [Ecce quam bonum etc.] Ps. 131 : Ecce quam bonum et quam jucundum.

   Ant. ad Magnif. [Exultavit spiritus etc.].
   Reliqua ut in feria II.

IN FERIA QUARTA.

a *Ant.* [Omnia quaecumque etc.] Ps. 134 : Laudate . . . . laudate servi.

b) *Ant.* [Quoniam in aeternum etc.] Ps. 135 : Confitemini Domino quoniam bonus.

c) *Ant.* [Hymnum cantate etc.] Ps. 136 : Super flumina Babylonis.

d) *Ant.* [In conspectu angelorum etc.] Ps. 137 : Confitebor . . . . quoniam audisti.

   Ant. ad Magnif. [Respexit Dominus etc.].

IN FERIA QUINTA.

a *Ant.* [Domine probasti me etc.] Ps. 138 (pars prima) : Domine probasti me.

b) *Ant.*   Ps. 138 (pars altera).

c) *Ant.* [A viro iniquo etc.] Ps. 139 : Eripe me domine.

d *Ant.* [Domine clamavi ad te etc.] Ps. 140 : Domine clamavi ad te.

   Ant. ad Magnif. [Fac, Deus, potentiam etc.].

IN FERIA SEXTA.

a) *Ant.* [Portio mea etc.] Ps. 141 : Voce mea ad Dominum clamavi.
b *Ant.* [Benedictus Dominus etc.] Ps. 143 pars prima Benedictus Dominus Deus meus.
c) *Ant.*   Ps. 143 (pars altera).
d, *Ant.* [Per singulos dies etc.] Ps. 144 pars prima : Exaltabo te Deus.
Ant. ad Magn. [Deposuit potentes].

IN SABBATO.

a *Ant.*   Ps. 144 pars altera).
b *Ant.* [Laudabo Deum meum etc.] Ps. 145 : Lauda anima mea.
c) *Ant.* [Deo nostro jucunda etc.] Ps. 146 : Laudate Dominum quoniam bonus.
d *Ant.* [Lauda Jerusalem etc.] Ps. 147 : Lauda Jerusalem Dominum.
Ant. ad Magnif. [Suscepit Deus Israel.].

Zum Kompletorium sang man wie heute die Psalmen 4, 90 und 133. Für andere Horen hat sich die Vertheilung der Psalmen sehr geändert: immerhin ist zu bemerken, dass der *alphabetische* Psalm 118 (Beati immaculati in via) wie jetzt auf die kleinen Tagzeiten vertheilt ist. Der antiphone Psalmengesang ist ausdrücklich vorgeschrieben für die Nokturnen, desgleichen für die Laudes und Vespern. Auf die kleinen Tagzeiten der Wochentage wurden die Psalmen *in directo* gesungen, wenn die Versammlung nicht zahlreich war. Das Offiz des Kompletorium ist stets Psalmodie ohne Antiphon.

An den Wochentagen sind für jede Nokturne drei Lektionen und bestimmte Responsorien vorgeschrieben; am Sonntag hat jede der drei Nokturnen vier Lektionen und vier Responsorien, und obendrein wird die letzte Nokturne mit dem Tedeum abgeschlossen.

Jede Synaxe hat einen ambrosianischen Hymnus, der an derselben Stelle eingefügt ist wie im heutigen Offizium. Das *Te decet laus*, eine Besonderheit des Benediktinerordens, ist bereits in der Regel seines Begründers erwähnt.

F.

Auszug aus Beda Venerabilis.

«Intererat huic synodo (nämlich zu York i. J. 680) ....
vir venerabilis Johannes, archicantor ecclesiae sancti apostoli
«Petri, et abbas monasterii beati Martini, qui nuper venerat
«a Roma per jussionem papae Agathonis, duce reverentissimo
«abbate Biscopo, cognomine Benedicto. ... Accepit (Benedictus)
«et praefatum Johannem abbatem Brittaniam perducendum,
«*quatenus in monasterio suo cursum canendi annuum, sicut ad*
«*Sanctum Petrum Romae agebatur, edoceret*; egitque abba
«Johannes ut jussionem acceperat pontificis, et ordinem vide-
«licet ritumque canendi ac legendi viva voce praefati monasterii
«cantores edocendo. *et ea, quae totius anni circulus in celebra-*
«*tione dierum festorum poscebat, etiam literis mandando*; quae
«hactenus in eodem monasterio servata et *a multis jam sunt*
«*circumquaque transcripta.* Non solum autem idem Johannes
«ipsius monasterii fratres docebat, verum de omnibus pene
«ejusdem provinciae monasteriis ad audiendum eum qui can-
«tandi erant periti confluebant. Sed et ipsum per loca, in
«quibus doceret, multi invitare curabant.» Ven. Bedae *Hist.*
eccl. gentis Anglorum, l. IV, cap. 18 (Ausg. von Stevenson,
London 1838, S. 287 ff.).

Ich ziehe hier auch die andern die Geschichte des Kirchengesangs in England betreffenden Stellen des grossen Werks
des Beda aus.

I. Im Jahre 597 erlangten der Mönch Augustin und seine
Gefährten, die von Gregor d. Gr. zu den Angelsachsen abge-
sandt waren, um sie zum Christenthum zu bekehren von
Ædilbert, König von Kent, die Erlaubniss, sich in Canterbury
(Doruverna) niederzulassen und dort zu predigen. «Fertur
«autem quia appropinquantes civitati, more suo, cum cruce
«sancta et imagine magni regis, Domini nostri Jesu Christi,
hanc *laetaniam* consona voce modularentur : *Deprecamur te,*
«*Domine, in omni misericordia tua. ut auferatur furor tuus et*
«*ira tua a civitate ista et de domo sancta tua quoniam peccavimus.*
«*Alleluia.* [1]» Lib. I, c. 25.

---

1) Diese Processions-Antiphon gehörte zum Offiz der grossen Litanei
(25. April). Sie findet sich unter diesem Datum im *Antiphonarius gre-*
gorianus der Benedictiner.

II. Paulinus, einer der Mitarbeiter Augustins, später Bischof
von York, überliess sterbend (633) die Leitung seiner Kirche
dem Diakonus Jacobus: «vir utique ecclesiasticus et sanctus,
«qui. . . . quoniam cantandi in ecclesia erat peritissimus, recu-
«perata postmodum pace in provincia et crescente numero
«fidelium, etiam magister *ecclesiasticae cantionis juxta morem*
«*Romanorum* seu Cantuariorum multis coepit exsistere.» Lib.
II, c. 20.

III. Im Jahre 668, sandte Papst Vitalian als Erzbischof
von Canterbury einen griechischen Mönch aus Tarsus in Cilicien, Theodorus, einen sehr gelehrten Mann und mit ihm als
Coadjutor einen afrikanischen Priester Namens Hadrian.
«Isque (Theodorus) primus erat in archiepiscopis cui omnis
«Anglorum ecclesia manus dare consentiret. Et quia literis
«sacris simul et saecularibus abundanter ambo erant instructi,
«congregata discipulorum caterva, scientiae salutaris quotidie
«flumina irrigandis eorum cordibus emanabant; ita ut etiam
«metricae artis, astronomiae et arithmeticae ecclesiasticae dis-
«ciplinam inter sacrorum apicum volumina suis auditoribus .
«contradarent. . . . Sed et *sonos cantandi in ecclesia*, quos eate-
«nus in Cantia tantum noverant, ab hoc tempore per omnes
«Anglorum ecclesias discere coeperunt; primusque, excepto
«Jacobo de quo supra diximus, *cantandi magister* Nordanhym-
«brorum ecclesiis Æddi cognomento Stephanus fuit, [1]) invitatus
«de Cantia a reverentissimo viro Vilfrido, qui primus inter
«episcopos qui de Anglorum gente essent, catholicum vivendi
«morem ecclesiis Anglorum tradere didicit.» L. IV, cc. 1 und 2.
«— At ipse (Vilfridus) veniens in civitate Hrofi (Rochester),
«ubi defuncto Damiano episcopatus jam diu cessaverat, ordi-
«navit virum. . . . . cui nomen erat Putta; maxime *modulandi*
«*in ecclesia, more Romanorum*, quem a discipulis beati papae
«Gregorii didicerat, peritum.» Ib. Der Ausdruck *discipuli beati*
Gregorii kehrt oft wieder in Bedas Kirchengeschichte. Er
betrifft stets die ersten zu den Angelsachsen gesandten Missio-
nare, die sämtlich Mitglieder einer von Gregor d. Gr. vor seiner

---

1, Dieser Æddi, der später das vielbewegte Leben Wilfrids beschrieb, hatte
nach seinem eigenen Zeugniss zum Beistande in seinen Functionen als Ge-
sanglehrer an der Kirche von York einen anderen Sänger angelsächsischer
Abkunft, Namens Æona. *Vita S. Wilfridi*, *episcopi Eboracensis*, *auctore*
Eddio Stephano, c. 14 (Th. Gale, *Historiae Britannicae scriptores* XV,
Oxford, Sheldon, 1691, Bd. I, S. 58).

Erhebung auf den päpstlichen Stuhl begründeten und geleiteten Klosterbrüderschaft waren. Dieselbe Bezeichnung ist auch dem heil. Augustin, dem Oberhaupte der Mission, in einem Reskript des Papstes Bonifazius IV. 608—615; von König Ædilbert beigelegt (Labbé, *SS. Concilia* Bd. V, S. 1619). Es bezieht sich daher keineswegs (wie die Benediktiner, die Herausgeber des *Antiphonarius gregorianus* zu glauben scheinen; auf eine spezielle Unterweisung im ·liturgischen Gesang, den diese Mönche vorgeblich von dem heiligen Papste erhalten hätten.

IV. «Cum Ædilred, rex Merciorum, adducto maligno exer- «citu, Cantiam vastaret (676) et ecclesias et monasteria. . . . . «foedaret, civitatem quoque Hrofi, in qua erat Putta episcopus, «quamvis eo tempore absens, communi clade absumsit. Quod «ille ubi comperit ecclesiam suam. . . . depopulatam, divertit «ad Sexuulfum, Merciorum antistitem, et accepta ab eo posses- «sione ecclesiae cujusdam. . . . ibidem in pace vitam finivit, «nil omnino de restaurando episcopatu suo agens; quia magis «in ecclesiasticis quam in mundanis rebus erat industrius : sed «in illa solum Ecclesia Deo serviens ubicumque rogabatur *ad* «*docenda ecclesiae carmina divertens,*» etc. L. IV, c. 12.

V. «Suscepit episcopatum Hagustaldensis Hexham eccle- «siae Acca presbyter 709 . . . . «Cantatorem egregium, vocabulo «Maban. qui a successoribus discipulorum beati papae Gregorii «in Cantia fuerat cantandi sonos edoctus, ad se suosque insti- «tuendos accersiit, ac per annos duodecim tenuit: quatenus et, «quae illi non noverant, carmina ecclesiastica doceret, et ea «quae quondam cognita longo usu vel negligentia inveterare «coeperunt, hujus doctrina priscum renovarentur in statum. «Nam et ipse episcopus Acca cantator erat peritissimus.» L. V, c. 20.

Nimmt man zu diesen Notizen noch den S. 42 in der An- merkung mitgetheilten Text. so erhält man ein ziemlich klares Bild der Hauptphasen der ersten Einrichtung des liturgischen Gesangs in England während des 7. Jahrhunderts und der ersten Hälfte des achten. Wir resümieren schnell die Daten und Fakta:

600. Augustin, Erzbischof von Canterbury führt in die Kirchen des Königreichs Kent den Kirchengesang entsprechend dem derzeitigen römischen Ritual ein. das sich allem Anschein nach nur wenig von dem unterschied, welches wir in der Benediktiner-Ordensregel beschrieben sehen.

633. Die liturgischen Melodien, bis dahin ausserhalb des Königreichs Kent unbekannt, finden Eingang in Northumberland durch die Unterweisung eines Sängers der Kirche von Canterbury, des Diakonus Jacobus. Aber die regelmässige Organisation des Gesangs der Antiphonen und Responsorien bürgert sich in den angelsächsischen Provinzen des Nordens erst ein, nachdem Wilfrid den Bischofsitz von York erlangt hat (gegen 664) und unter der Leitung von Æddi, einem andern zu Canterbury gebildeten Sänger.

6S0. Der Abgesandte des Papstes Agathon, Archikantor Johannes, lehrt und führt in England ein das Horasingen, wie es sich in Rom seit dem Anfang des 7. Jahrhunderts entwickelt hatte. Er redigiert auf dem Wege schriftlicher Mittheilung diesen Theil der Liturgie.

710. Der in den nördlichen Provinzen entartete Vortrag der Kirchengesänge wird durch Acca, Bischof von Hexham, unter dem Beistande Mabans, eines andern Sängers von Canterbury, wieder hergestellt.

747. Die auf der Synode von Cloveshou versammelten Bischöfe ordnen für die angelsächsischen Kirchen eine Regelung der liturgischen Gesänge an, besonders der zur Messe gehörigen, und zwar nach der offiziellen Niederschrift, die ihnen von Rom zugesandt worden ist.

Zwei Hauptpunkte sind hier festzuhalten: 1) vor 747 ist von den fünf veränderlichen Gesängen der Messe keine Rede;[1] 2) nirgend entdeckt man auch nur die leiseste Anspielung auf ein Gesangbuch, das den Namen des heil. Gregor, des grossen

---

1 Hier sind die Worte welche Æddi dem Wilfrid in den Mund legt, auf der um 700 abgehaltenen Synode von Ouestrefelda (= Nesterfield?,: «Nonne ego primus post obitum primorum procerum a S. Gregorio directo-«rum curavi ut... ad verum Pascha, secundum Apostolicae sedis rationem, «totam Ultra-Humbrensium gentem permutando converterem; ut juxta «ritum primitivae Ecclesiae consono vocis modulamine. binis adstantibus «choris persultare, *responsoriis, antiphonisque* reciprocis, instruerem?» *Vita S. Wilfridi,* cap. 45 S. 75'. In einem Gedicht St. Aldhelms, Bischofs von Sherborne, gest. 709 *(De basilica aedificata a Bugge. filia regis Angliae)* heisst es:

«Dulcibus *antiphonae* pulsent accentibus aures

. . . .

«*Hymnos* ac *psalmos* et *responsoria* festis
«Congrua promamus subter testudine templi.»

In Mignes *Patrologia latina,* Bd. S9, S. 290.

Begründers und verehrten Begründers der englischen Kirche trüge. Die Nichtexistenz eines derartigen Dokuments ist sogar bis zur Evidenz erwiesen durch die Mission des Archikantors Johannes.

G.

Brief des Papstes Paul I. 757—767 an Pipin, König von Franken. Die durch Remedius, Bischof von Rouen, den Bruder Pipins, zum Zweck der Unterweisung im Kirchengesang nach Rom geschickten Mönche sind Simeon, dem Vorsteher Prior der schola cantorum, überwiesen worden. Jaffé 2. Aufl. No. 2371.

·.... Susceptis in praesentia Deo protectae excellentiae
«vestrae syllabis, nempe relectis, protinus cuncta quae fere-
«bantur in illis libenter adimplevimus. In eis siquidem com-
perimus exaratum quod praesentes Deo amabilis Remedii, ger-
·mani vestri, monachos Simeoni, scholae cantorum priori, con-
tradere deberemus, ad instruendum eos in psalmodiae modu-
·latione, quam ab eo apprehendere, tempore quo illic in vestris
regionibus exstitit, nequiverant : pro quo valde ipsum vestrum
«asseritis germanum tristem effectum, in eo quod non ejus
·perfecte instruxisset monachos. Et quidem, benignissime Rex,
«satisfacimus Christianitati tuae, quod nisi Georgius, qui eidem
«scholae praefuit, de hac migrasset luce, nequaquam eumdem
«Simeonem a vestri germani servitio abstrahere niteremur.
Sed defuncto praefato Georgio, et in ejus idem Simeon, ut-
«pote sequens illius, accedens locum, ideo *pro doctrina scholae*
«*eum ad nos accersivimus.* Nam absit a nobis ut quidpiam
«quod vobis vestrisque fidelibus onerosum existit peragamus
«quoquo modo. Potius autem, ut praefatum est, in vestra
«charitatis dilectione firmi permanentes, libentissime, in quan-
«tum virtus suppetit, voluntati vestrae obtemperandum decer-
«tamus. Propter quod et praefatos vestri germani monachos

«saepedicto contradidimus Simeoni, eosque optime collocantes,
«solerti industria eamdem psalmodiae modulationem instrui
«praecepimus, et crebro in eadem, donec perfecte eruditi effi-
«ciantur, pro amplissima vestrae excellentiae atque nobilissimi
«germani vestri dilectione, ecclesiasticae doctrina cantilenae
«disposuimus efficaci cura permanere,» etc.

Labbé. SS. Concilia, Bd. VI, S. 1686; In Mignes Patrologia latina,
Bd. 89, S. 1187.

H.

Auszug aus der *Musica enchiriadis*, einem Traktat des 10. Jahrhunderts, der fälschlich Hucbald zugeschrieben wird.

'Cap. III). «Terminales sive «finales dicuntur [soni D E F G,] «quia in unum aliquem ex his «quatuor melos omne finiri ne«cesse est[1]). Etenim primi toni « i. e. *proti* melum et subjuga«lis sui sono archoo D regitur «et finitur. Secundus tonus «(*deuterus*) cum subjugali suo «sono E deutero regitur et « finitur. Tertius (*tritus*) ejusque «subjugalis sono trito F regi«tur et finitur. Quartus (*tetrar*«*dus*) cum suo subjugali sono «G tetrardo regitur et finitur.

«Vocatur autem *authentus* «major quilibet tonus, *plagis* « (seu plagius) minor.

«Man nennt sie ₁die Töne D E F G] Schlusstöne oder Finales, weil jede Melodie auf einem dieser vier endigen muss. Der Gesang im ersten Modus und seiner Nebenform (subjugalis sui) steht unter der Herrschaft des ersten Tones (archoos) D und schliesst mit ihm; der Haupt- und Schlusston des zweiten Modus und seiner Nebenform ist der zweite Ton (deuterus) E, der des dritten und seiner Nebenform ist der dritte Ton (tritus) F, der des vierten und seiner Nebenform ist der vierte Ton (tetrardus) G.

Jeder Modus heisst aber in seiner Hauptform *authentus*, in seiner Nebenform *plagis* oder *plagius*».

1. Wir fügen hier im Text an Stelle der wenig bekannten Zeichen der Dasia-Notierung Pseudo-Hucbalds die sogenannten guidonischen römischen Tonbuchstaben ein, deren erste nachgewiesene Anwendung ins 10. Jahrh. fällt in dem Odo von Clugny zugeschriebenen *Dialogus de musica* (bei Gerbert *Script*. Bd. 1, S. 251 ff.).

(Cap. VIII). «Prima neumae «series ab *a* sono incipiat et «in sonum D finiat. Secunda «a ♮ sono inchoet et E sono «compleatur. Tertia a sono *c* «incipiat et in sonum F desinat. «Quarta a sono *d* ordiatur et in «sono G consistat, ita:

«Der erste Typus melodischer Folge fängt mit a an und endet mit D, der zweite beginnt mit h und läuft in E aus; der dritte hebt mit c an und hört mit F auf; der vierte nimmt seinen Ausgang von d und steht auf G still; also:»

		a	G	$\overline{FGF}$	$\overline{ED}$
I.	Al	—	le	— lu	— ia.

		♮	a	$\overline{GaG}$	$\overline{FE}$
II.	Al	—	le	— lu	— ia.

		c	♮	$\overline{a♮a}$	$\overline{GF}$
III.	Al	—	le	— lu	— ia.

		d	c	$\overline{♮c♮}$	$\overline{aG}$
IV.	Al	—	le	— lu	— ia.

«Primam dispositionem cum «cecineris, poteris dinoscere «quia vis primi soni D primi «toni virtutem creat, qui *protus* «dicitur.

«Singst du die erste Formel, so kannst du erkennen, wie die Macht des Tones D die Geltung des ersten Modus bedingt, der *Protus* genannt wird».

«Secundam cum cecineris, «senties *tonum deuterum* a sono «E deutero gubernari.

«Singst du die zweite, so fühlst du, wie der zweite Modus (der *Deuterus*) vom Tone E beherrscht wird».

«Tertiam assumens, videbis «similiter in sono F trito *triti* «*toni* consistere potestatem.

«Nimmst du die dritte hinzu, so siehst du, wie in ähnlicher Weise auf F die Wirkung des dritten Modus (des *Tritus*) beruht».

«Quartam cum modulatus «fueris, intelliges *toni tetrardi* «genus a sono tetrardo G pro- «cedere.

«Hast du die vierte angestimmt, so siehst du ein, dass vom Tone G die Art des vierten Modus (*Tetrardus*) abhängt».

«Igitur primae modulationi «quaecumque primi toni mela

«Es werden daher der ersten melodischen Formel alle im

«aptari poterunt, et subjugalis
«sui; sua similiter secundae,
«sua similiter tertiae, sua simi-
«liter quartae ad subjecta sin-
«gulorum exempla.

ersten Kirchentone stehenden
Melodien entsprechen, sowie
die seiner(plagalen)Nebenform,
und ebenso die dem zweiten,
dritten und vierten Modus und
ihren plagalen angehörigen
Melodien der zweiten, dritten
und vierten Formel».

«Modulatio ad principalem
«protum et subjugalem ejus:

«Melodie im Protus authentus und seinem Plagalen:

$$
\begin{array}{ccccc}
\text{a} & \text{G} & \overline{\text{FGF}} & \overline{\text{ED}} \\
\text{AL} & \text{LE} & \text{LU} & \text{IA.}
\end{array}
$$

F Ḡa G E F G FE̅ D D
(Princ.) Laudate Dominum de coelis.
Fer. II ad Laudes.

F E D F E D̅C̅ D EF̅ D D
(Subj.) Coeli coelorum laudate Deum.
Fer. IV ad Laudes.

«Sequitur modulatio ad prin-
«cipalem deuterum et subju-
«galem ejus:

«Melodie im Deuterus und
seinem Plagalen:

$$
\begin{array}{cccc}
\text{ᵇ} & \text{a} & \overline{\text{GaG}} & \overline{\text{FE}} \\
\text{AL} & \text{LE} & \text{LU} & \text{IA.}
\end{array}
$$

G ᵇ c ᵇG̅ a aG ᵇ a G GF̅ D EE¹)
(Princ.) Confitebor Domino nimis in o — re meo.
Sabb. ad off. noct.

F FE̅ D E F Ḡa G F GGF E E
(Subj.) Lauda-bo Deum meum in vita mea.
Sabb. ad Vesp.

---

¹) Diese Melodie ist seit dem 9. Jahrhundert entartet und steht heute
im Tritus authentus (5. Kirchentone). Die sieben übrigen als Muster
gegebenen Gesänge haben seit mehr als 1000 Jahren keine Veränderung
erlitten.

«Sequitur modulatio ad prin-
«cipalem tritum et subjugalem
«ejus :

«Melodie im Tritus und seinem
Plagalen:

$$c \quad \natural \quad \overline{A\natural A} \quad \overline{GF}$$
$$AL \; — \; LE \; — \; LU \; — \; IA.$$

$$c \; c \; \overline{c\natural a} \; a \; a \; a \quad a \; G \quad a \; G \; F$$
(Princ.) Intellige clamorem meum Domine.

Fer. II ad Laudes.

$$F \; G \; a \; \overline{GF} \; \overline{G \; a \; G} \quad F \; F$$
(Subj.) Miserere mei Deus.

Fer. II ad Laudes.

«Sequitur modulatio ad prin-
«cipalem tetrardum et subju-
«galem ejus modum:

«Melodie im Tetrardus und
seinem Plagalen:

$$d \quad c \quad \overline{\natural c\natural} \quad \overline{aG}$$
$$AL \; — \; LE \; — \; LU \; — \; IA.$$

$$d \; \natural \; c \quad \overline{de} \; d \; c \; \overline{c\natural} \; a \; \natural c \; a \quad a \quad G \; G \; 6$$
(Princ.) Sit nomen Domini benedictum in saecula.

Dom. ad Vesp.

$$c \; \natural \; c \; a \quad \overline{GF} \; G \; a\natural \; a \; a \quad aG \; \overline{FG} \; G$$
(Subj.) In aeternum et in saeculum saeculi.

(Antiph. Trevir.) Sabb. ad Vesp.

«Ad hunc modum consuetis
«utuntur modulis ad investi-
«gandum toni cujusque vim,
«eadem ratione compositis;
«quorum principales quique
«a suis sonis superioribus or-
«dientes, desinunt in finales,
«minores vero in finalibus et
«inchoant et consistunt, nec
«superiorem attingunt locum».

«Auf diese Weise benutzt
man allgemein bekannte Melodien zur Ergründung der
Eigenart jedes Modus; die
authentischen beginnen von
ihren höheren Tönen und
endigen auf dem Finaltone,
die plagalen beginnen und
enden mit dem Finaltone und
berühren die höheren Stufen
nicht».

Gerbert, *Scriptores*, Bd. I, S. 152 ff.

Anstatt bekannter Antiphonen bedienten sich die syro-byzantinischen und im Anschluss an sie die römischen Gesangstheoretiker zur Einprägung der charakteristischen Wendungen jedes Modus und seiner Nebenform, acht speciell für diesen Zweck auf vereinbarte Solfeggiersilben[1]) componirter Melodien. Wir geben hier diese melodischen Formeln nebst den acht im 10. Jahrhundert für das *Magnificat* und *Benedictus* gebräuchlichen Psalmen - Intonationen nach einem anderen Traktat Pseudo-Hucbalds (*Commemoratio brevis de tonis et psalmis modulandis*), in welchem sich auch die eigentümliche Notenschrift der *Enchiriadis* wiederfindet (die Dasia-Notation):

PROTUS AUTHENTUS (1. Kirchenton).

| a | G | F̅E̅ | G | F̅E̅ | D̅C̅ | FGaGaGFE | a̅F̅E̅F̅E̅D̅ | ‖ |
| No | — | A | — NO | — | E | — A | — NE | |

| F Ga | a | a̅b̅ | a | a̅G̅ | a | G̅F̅G̅a̅ a a a a a a GF | G | G̅D̅ | ‖ |
| Gloria...... et nunc et semper | | | | | | et in saecula saeculorum. Amen. | | | |

D̅F̅E̅D̅ D̅G̅ D F D C
Eu — ge serve bone....

Comm. Confess. ad Bened.

PROTUS PLAGIUS (2. Kirchenton).

| D̅C̅D̅F̅ | G | F̅E̅ | DF | FDCDEF | D̅F̅D̅C̅D̅E̅E̅D̅ | |
| No | — | E | — A | — GIS | | |

| C D D | F̅E̅ | FG | G | F̅G̅ F̅E̅ | FD DF F F F F F FE C D | |
| Gloria...... et nunc et semper | | | | | et in saecula saeculorum. Amen. | |

D̅C̅D̅F̅G̅F̅F̅D̅ D . . . . . .
Ma — — — gnum mysterium....

Oct. Nat. Dom. ad Magn.

DEUTERUS AUTHENTUS (3. Kirchenton).

| a̅⸵ | ⸵ | c̅⸵aa | G | a̅⸵ | Ga | G̅F̅E̅ | Ga⸵cdec ⸵G̅F̅ac⸵ GFaGaGGF̅ |
| No | — E | — A | — NO | — E | — A | — NE | |

---

1) Diese sonderbaren Worte erscheinen in zahlreichen Varianten; ich gebe die Formen, die mir am häufigsten vorgekommen sind.

G a♪   ♪   d   c   ♪   c | ♪Ga♪ ♪ ♪♪ ♪ ♪ c a♪ a G̅E̅

Gloria...... et nunc et semper ¦ et in saecula saeculorum. Amen.

E ED G a♪ ♪ ♪c̄ d d♪ c d ♪G

Qui de terra est de terra loquitur ¹)....

Ant. Trev.] Oct. Nat. Dom. in I Vesp. ad Magn.

DEUTERUS PLAGIUS (1. Kirchenton).

E̅F̅E̅D̅ Ga FG E̅F̅G̅ F̅F̅G̅D̅ CDFG FGFE
No – E — A — GIS

E G a   aG Ga♪ ♪ a♪ a | aGGa a a a a a a ♪a G E

Gloria...... et nunc et semper ¦ et in saecula saeculorum. Amen.

C DE E̅F̅E E F DE D C

Omnes autem vos fratres estis....

Fer. III post Dom. II Quadr. ad Magn.

TRITUS AUTHENTUS (5. Kirchenton).

C♪dc   a   G   Facdcc♪a G̅a̅c̅♪a̅G̅F̅
No — E — A — NE

F a c♪   c̄ cd c ♪ c | ♪ ♪ c c c c cd c c aF

Gloria...... et nunc et semper ¦ et in saecula saeculorum. Amen.

1) Wie diese Melodien und die S. 71 mitgetheilte Antiphon *Confitebor* erweisen, hat der Deuterus authentus (3. Kirchenton), seit dem 10. Jahrhundert eine erhebliche Veränderung durchgemacht. Die Funktion der Dominante (des 2. charakterischen Tones der Tonart) ist von h auf c übergegangen. Diese Wandlung hatte sich schon zur Zeit Guidos von Arezzo vollzogen (vgl. im 11. Kap. des Micrologus die Antiphon *Tertia dies*, und ist die Folge einer früh stattgehabten verwirrenden Einwirkung des Tetrardus. Aurelianus Reomensis deutet dieselbe in einem sehr korrumpirten Satze S. 46) an, den ich so lese: »in semet retinent quamdam connexionem authent [us] deuter [us et] tetrardus«. In seiner ursprünglichen Form steht der 3. Kirchenton in innigster Beziehung zur griechisch-römischen dorischen Tonart. Um sich dessen zu vergewissern, braucht man nur diese Kirchenmelodien mit zwei Hymnen aus dem zweiten Jahrhundert zu vergleichen, der »an die Muse« und der »an Helios«.

F a c c   c c c ♯ c ♮ a c F̄a c̄d c

Paganorum multitudo fugiens ad sepulchrum....

In festo S. Agathae ad Bened.

F G G F

Vox clamantis....

Fer. III post Dom. II Adv. ad Magn.

Tritus plagius (6. Kirchenton).

F̄C̄F̄ G a ḠF̄ F̄ĒD̄C̄ F̄ḠaḠḠF̄ |

No — e — a — gis[1])

F Ga   a āb a āG a | G Ga a a a a a G Ḡa G F

Gloria...... et nunc et semper | et in saecula saeculorum. Amen.

F F . . . . . .

O quam gloriosum est....

In festo Omn. SS. ad Magn.

Tetrardus authentus (7. Kirchenton).

d   d d̄c̄ cd ca Ḡac̄d̄c c♯aG Fac♯a♯aaG |

No — e — a — e -- a — ne[2])

♯) c d   d d̄f̄ c c̄d̄ c | d̄c̄c̄d̄ d d d d d c d c ♮

Gloria...... et nunc et semper | et in saecula saeculorum. Amen.

G G G a c d c e d f c a d c c

Joseph fi — li David noli timere accipere....

(Ant. Trev.) Fer. IV post Dom. III Adv. ad Bened.

[c] ♯acaG G . .

Sub thro — no De....

In festo SS. Innoc. ad Laud.

1, Ich gebe die Noten und Sylben dieser Formel wieder nach der Version von S. 229 bei Gerbert.

2) Diese Formel und die folgende sind durch Gerbert in einer confusen und ohne allen Zweifel sehr fehlerhaften Fassung gegeben. Es ist nicht wahrscheinlich, dass die Schlussneume in beiden modi dieselbe sein sollte.

TETRARDUS PLAGIUS (S. Kirchenton).

```
G    c    ꞔa    Gaede   c♯aG   Fac♯a♮aaG
No — E — A — GIS
```

```
G a c      c♯   cd   d   cd  c♯ | ca ac  c  c  c  c  ꞔ c♯  a  G |'
Gloria...... et nunc et semper | et in saecula saeculorum. Amen.||
```

```
G   G|c   a Ga  GF   G a acd   ꞔ . . . . . .
Per vis - cera mi - sericor - diae Dei nostri....
```

Fer. VI ad Bened.

Gerbert, *Scriptores*, Bd. I, S. 214 ff.

J.

Erwiderung auf die Einwürfe der ‚*Revue Bénédictine*‘.

Während der Korrektur der letzten Bögen der vorliegenden Arbeit sandte man mir eine Nummer der Zeitschrift der Ehrw. Benediktiner Patres von Maredsous (Febr. 1890) mit einer mit D. G. M., gezeichneten Besprechung meines Vortrags (der Fassung, wie ich ihn in der Akademiesitzung gelesen); der Referent bekämpft darin einige meiner Schlussfolgerungen in einer im Ganzen sehr wohlwollenden, im Einzelnen sogar für mich sehr schmeichelhaften Form, aber mit lebhafter Erregung.

Vielleicht ist es zu bedauern, dass der Verfasser der Besprechung nicht seine Worte zurückgehalten hat bis zum Erscheinen der vorliegenden auf der ersten Seite des Sitzungsberichts als nahe bevorstehend angezeigten Publikation. Andererseits giebt mir aber derselbe eine günstige Gelegenheit auf einige Punkte zurückzukommen, die ich natürlich in einer für eine grosse Zuhörerschaft berechneten und anfänglich ohne Anmerkungen und Citate gedruckten Rede nur sehr summarisch behandeln konnte. Meine Erwiderung wird, fürchte ich, nicht kurz ausfallen; aber denjenigen, welche auch nur ein wenig

5*

mit kirchengeschichtlichen Fragen vertraut und gewohnt sind,
in den unheimlichen Folianten Labbés und der Maxima bibliotheca oder auch nur in den dickleibigen Bänden von Mignes
Patrologie zu blättern, wird nichts lang erscheinen.

Die ersten Einwürfe der R. B. richten sich, wie ich gewärtig
sein musste, gegen meine mit einer tausendjährigen Tradition
in Widerspruch tretende Behandlung der *gregorianischen Frage*
(so könnte man diesen gordischen Knoten der ganzen Geschichte
des Kirchengesangs nennen, insofern derselbe die Mehrzahl
der fraglichen Punkte in sich schliesst). [1]

Ohne zu bestreiten, dass die Komposition des ursprünglichen Bestandes der Kirchengesänge sich bis zum Anfang des
8. Jahrhunderts habe hinziehen können, hält der Verfasser
des Artikels mit glühendem Eifer die herkömmliche Meinung
fest, welche *Gregor I.* die Compilation der Texte und Melodien des Antiphonars zuschreibt, und weist darauf hin, dass
meine Behauptungen «die Würdigung eines Mannes in Frage
stellen könnten, auf den die Kirche und der Benediktinerorden
mit Recht besonders stolz sind.» — «Als Mönch und Kind der
Kirche», sagt er, «halte ich es für meine Pflicht, dem grossen
Papste einen der unbestreitbarsten Rechtsansprüche auf die Bewunderung und Anerkennung der Nachwelt zu wahren.» Dieser
heftige Protest findet zwar seine völlige Erklärung durch die viel-
hundertjährige Verehrung des Benediktiner-Ordens für das Andenken des heiligen Verfassers der Dialoge, scheint mir aber doch
ein wenig unzeitig angebracht. Wie, sollte das Andenken des
unsterblichen Papstes durch eine einfache archäologische Streitfrage verkleinert werden können? Gregor I. hat Gott sei Dank
viel wichtigere Ansprüche auf die Bewunderung und Anerkennung der Menschheit, als den, die Kirchengesänge gesammelt
zu haben — Ansprüche, die über jede Anfechtung erhaben sind.
Obgleich ich nur ein simpler Laie bin, verehre ich ihn doch
als einen der grössten Päpste (wenn nicht als den grössten),
als eine der im idealsten Sinne sympathischen Persönlich-
keiten der Geschichte, und wahrlich diese Empfindung ist in

---

1) Durch die *R. B.* werde ich belehrt, dass die von mir aufgestellte Ansicht
bereits von einem kirchlichen Shriftsteller, Eckart, verfochten worden ist (ich
bekenne in aller Bescheidenheit, dass dieser Name zum ersten Male mein
Ohr trifft). Das wundert mich gar nicht. Ich bin im Gegentheil über-
rascht, dass die schwache Begründung der gregorianischen Tradition nicht
schon längst und von vielen aufgezeigt worden ist.

mir nicht abgeschwächt worden, seit ich dahin gekommen bin. die Wahrheit der Erzählung von seiner persönlichen Betheiligung an der Einrichtung des Kirchengesangs anzuzweifeln.[1] Darf ich es sagen? die Erzählung des Johannes Diakonus, die uns eine Art Schulmeister vorführt mit einer Ruthe, die die widerspenstigen Knaben in Respekt erhalten soll, benimmt in meinen Augen der majestätischen Gestalt des Nachkommen der erlauchten Familie der Anicius etwas von ihrer Grösse.

Ich werde daher mit völliger Seelenruhe die Frage noch einmal prüfen und die von der *R. B.* angezogenen Texte und Beweismittel abwägen, um zu sehen, ob sie der Art sind, dass sie meine Ansicht ins Wanken bringen können.

Zuvörderst aber muss ich ein Missverständniss beseitigen. Ich lese in der *R. B.* diesen Satz: «Herr Gevaert stellt mit Recht die verschiedenen gregorianischen Gesangbücher bezüglich ihrer Ächtheit in eine Linie». . . Vergebens suche ich nach, wo und wann ich eine derartige Erklärung könnte abgegeben haben, die meinen Ansichten so schnurstracks zuwiderläuft. Dass man *seit dem 9. Jahrhundert* dem gregorianischen Sakramentar und dem gregorianischen Antiphonar einen gemeinsamen Ursprung zuschrieb, dass dieselben «unter gleicher Etikette» auf uns gekommen sind, das sind keine Thatsachen, die eine Umwandlung meiner Überzeugung entscheiden könnten. Ebensogut wie seine Vorgänger, die Bearbeiter des leonischen und gelasianischen Sakramentars, konnte sehr wohl auch der heil. Gregor Orationen und Benediktionsformeln zusammenstellen oder an diesem oder jenem Theile der Messe eine Änderung treffen in der That führt der *Liber pontificalis* einen Satz an, den er in den Kanon eingeschoben hat, ohne sich darum auch nur im mindesten mit der Sammlung der heiligen Messgesänge beschäftigt zu haben. Allein die Aufhellung des ersten Theils dieser Frage ist nicht meine Sache. Das Sacramentarium ist ein durchaus kirchliches Buch, und ich als Weltkind erlaube mir über dessen Ursprung keinerlei eigene Meinung. In dieser Hinsicht beziehe ich mich auf die Autorität eines gelehrten Strenggläubigen, des Abbé Duchesne; und wo ich des Sakramentars bedarf, um Licht in irgend einen

---

[1] Die *R. B.* steift sich sehr darauf, Gregor nicht für den *Urheber*, sondern nur für den *Sammler* der Melodien auszugeben. Meines Wissens hat man das Verhältniss nie anders aufgefasst.

Punkt meiner Spezial-Untersuchungen zu bringen, beschränke ich mich darauf, die sicheren Ergebnisse der neuesten liturgischen Forschungen zu verwerthen.

Mit dem Antiphonar steht es anders. Dasselbe gehört nicht nur der katholischen Liturgie sondern der Musikgeschichte an und gehört darum ins Bereich der Musikforschung, geradeso wie die kirchlichen Bauten ins Gebiet der Architektur gehören. Die homophone Melodik der römischen Kirche kennzeichnet die erste Periode abendländischer Kunst, wie die nächstfolgenden Epochen durch den Discantus, den kontrapunktischen Vocalsatz, den dramatischen Stil und die Instrumentalmusik repräsentiert werden.

Von diesem Gesichtspunkte aus habe ich — wie das der Nebentitel meiner Arbeit («musikgeschichtliche Studie») ausweist — versucht, nach bestem Wollen und Können den Ursprung des Kirchengesangs aufzudecken, indem ich mich aller mir zugänglichen Mittel der Forschung bediente; dabei liess ich besonders das beweiskräftigste von allem nicht aus dem Auge: die vergleichende Analyse der Denkmäler dieser uralten Kunst, der Melodien selbst.

Indem ich mich so auf ein wohlbegrenztes Arbeitsfeld stellte, hatte ich mich in keiner Weise wegen eines möglichen Konflikts meiner Ideen mit gewissen allgemein bei der Geistlichkeit angenommenen Traditionen zu beunruhigen, *die doch nicht im mindesten von der Kirche als Glaubensartikel vorgeschrieben sind.* Was darüber auch die *R. B.* sagen mag, die Kirche ist bei dieser Streitfrage nicht im mindesten interessiert. Für sie macht es, denke ich, wenig Unterschied, ob der Sammler des Antiphonars Gregor I. oder Gregor III. gewesen ist, welcher letztere ebenfalls ein grosser Papst und ein Heiliger war, während es für die musikalische Alterthumsforschung von grösstem Interesse ist, zu wissen, ob die reich verzierten Melodien, welche beim Gottesdienst Aufnahme fanden, schon gegen 600 existierten, oder ob sie erst später ihre definitive Gestaltung angenommen haben. Denn im ersteren Falle könnte z. B. von byzantinischen Einflüssen keine Rede sein, da solche zur Zeit des heil. Gregor in der Liturgie noch wenig bemerklich sind. [1])

Demgemäss habe ich es hier nur mit dem Antiphonar

---

1 Vgl. dessen weiterhin mitgetheilten Brief an den Bischof von Syrakus.

zu thun und will es nur mit diesem zu thun haben. So höre man nun, nachdem das konstatiert ist, in chronologischer Folge alle zur Stützung der überkommenen Tradition angezogenen Zeugnisse, die älteren Datums sind als Johannes Diaconus.

I. **St. Aldhelm,** zwischen 650 und 709, *De laudibus virginitatis*, Cap. 42 in Mignes *Patrologia latina*, Bd. 89, S. 142):

«Mihi quoque operae pretium videtur, ut S. Agathae rumores, castissimae virginis Luciae praeconia subsequantur, quos praeceptor et paedagogus noster Gregorius in canone quotidiano, quando missarum solemnia celebrantur, pariter copulasse cognoscitur.»

Nach der *R. B.* weist diese Stelle deutlich auf das gregorianische Messritual (Sacramentarium hin. Ich widerspreche dem ganz und gar nicht. Auf alle Fälle hat das aber keinen Bezug auf unsern Gegenstand.

II. **St. Egbert,** Bischof von York von 732—766 ich übernehme die Daten der *R. B.*), *De institutione catholica Dialogus*, Interrogatio XVI, *de jejunio quatuor temporum* (in Mignes Patrologia latina Bd. 89 S. 440—442):

A. «De primo mense Dominus ait ad Moysen etc... Quod jejunium sancti Patres in prima hebdomada mensis primi statuerunt, quarta et sexta feria et sabbato... *Nos autem in Ecclesia Anglorum idem primi mensis jejunium (ut noster didascalus beatus Gregorius in suo antiphonario et missali libro per paedagogum nostrum beatum Augustinum transmisit ordinatum et rescriptum) indifferentur de prima hebdomada quadragesimae servamus.»*

B. «Secundum jejunium quarti mensis a veteri lege exortum est... Quod juxta congruentiam temporum post ascensionem Domini ad coelos... tunc indictum est jejunium quarti mensis, secundo sabbato. *Hoc autem jejunium idem beatus Gregorius per praefatum legatum, in antiphonario suo et missali, in plena hebdomada post Pentecostem Anglorum Ecclesiae celebrandum destinavit. Quod non solum nostra testantur antiphonaria, sed et ipsa quae cum missalibus conspeximus ad apostolorum Petri et Pauli limina.»*

C. Tertium jejunium septimi mensis in Ecclesia celebratur secundum antiquam consuetudinem, vel quia decrescunt dies et nox augetur.... *Hoc Anglorum Ecclesia in plena hebdomada ante aequinoctium .... solet celebrare.»*

D. Quartum jejunium mense Novembrio a veteribus cole-

batur juxta praeceptum Domini ad Jeremiam. . . Hac ergo auctoritate Ecclesia catholica morem obtinet, et jejunium mense celebrat decimo, sabbato quarto. . . *Quod et Anglorum (Ecclesia) semper in plena hebdomada ante Natale Domini consuevit (celebrare).* . . *Nam haec a temporibus Vitaliani et Theodori Dorovernensis archiepiscopi inolevit in Ecclesia Anglorum consuetudo.*»

Wären die hier durch die Schrift ausgezeichneten Sätze wirklich vor Karl d. Gr. geschrieben, so wären sie, wie ich zugeben muss, für meine Thesen sehr unbequem. Aber es ist nicht schwer zu beweisen, dass sie nicht aus dieser Zeit herrühren. In erster Linie ist kein stichhaltiger Grund vorhanden, den *Dialogus* dem Bischof Egbert zuzuschreiben.[1] Schon im vorigen Jahrhundert hat der berühmte Kirchenschriftsteller Mansi zwischen dem *Dialogus* und dem *Poenitentialis* (einem Werke Egberts, dessen Authentizität unbestritten ist) schwerwiegende Discordanzen bezüglich einer dogmatischen Frage aufgewiesen.[2] Weiter enthüllen sich die fraglichen Sätze selbst durch ihre Abfassung und den Mangel an Zusammenhang mit dem übrigen Texte als dem ursprünglichen Schriftwerke fremde Bestandtheile. Ich kann in ihnen nichts anderes sehen als Randbemerkungen irgend eines englischen Mönchs oder Klerikers im 9. oder 10. Jahrhundert, die später dem Texte des Dialogus eingefügt worden sind; und vollends die Erwähnung eines für authentisch angesehenen und *ad limina Apostolorum* deponierten gregorianischen Antiphonars versetzt uns ganz und gar in die Zeit des Johannes Diakonus.

Ein vereinzeltes aus mehr als einem Grunde zweifelhaftes Dokument kann nicht schwerer wiegen als der Gesamtbestand unanfechtbarer Texte gleicher Nationalität und bestimmten Datums, wie ich sie weiter oben zusammengestellt habe (S. 55—59). Ich bin daher berechtigt, dies Zeugniss abzulehnen, so lange man mir nicht klar nachweist, dass wir darin wirklich die Worte Egberts von York oder eines andern Schriftstellers des 8. Jahrhunderts vor uns haben.

[1] Das geschah zuerst 1644, wo die Schrift zum ersten Male zu Dublin durch den irischen Archäologen James Ware herausgegeben wurde.

[2] Bei Migne, *Patr. lat.* Bd. 89, S. 380. Der *Poenitentialis* erklärt eine durch einen unwürdigen Priester vollzogene Taufhandlung für ungültig: »Si vir a presbytero adultero baptizatus sit, statim rebaptizetur«, während der *Dialogus* die gegentheilige Auffassung vertritt, die *seit der Zeit Karls d. Gr.* die allein orthodoxe wurde.

III. Papst Hadrian I. (772—795). «Die Briefe, mit welchen derselbe 794 an Karl d. Gr. liturgische Bücher (das *Sacramentar* und *Antiphonar*) übersendet, bezeugen dieselben unbestreitbar als Gregor d. Gr. zu verdankende Sammlungen.» Diese Versicherung der *R. B.* scheint mir keineswegs von einwandfreier Richtigkeit zu sein. Ich habe in Jaffés *Regesta* die gesammte Korrespondenz Hadrians mit Karl d. Gr. durchgesehen und finde darin nur einen einzigen Brief, der sich auf eine Sendung liturgischer Bücher bezieht. Derselbe ist wiedergegeben als zwischen 784 und 792 geschrieben, und der Papst spricht darin *einzig und allein vom Sacramentarium*, das «von seinem heiligen Vorgänger Gregor geordnet sei.»

«De sacramentario vero a sancto disposito praedecessore nostro deifluo Gregorio papa : immixtum vobis emitteremus. Jam pridem Paulus grammaticus a nobis eum pro vobis petente, secundum sanctae nostrae Ecclesiae traditionem per Johannem monachum atque abbatem civitatis Ravennantium vestrae regali emisimus excellentiae».[1]) Jaffé, 2473 (1900'; Cod. Car. S. 274.

Von einem Antiphonar oder irgend einem andern Gesangbuch nicht die geringste Erwähnung.

IV. Amalarius (815—835'. Mit lebhaftestem Staunen las ich folgende Worte: „Alle Schriften des Amalarius protestieren ohne Unterlass gegen jeden, der zu Anfang des 9. Jahrhunderts dem heil. Gregor die Ehre der Sammlung des Schatzes der römischen Kirchengesänge hätte streitig machen wollen". Falls nicht mein ehrw. Gegner andere Schriften des Diakonus von Metz zur Verfügung hat als die *De ecclesiasticis officiis* und *De ordine antiphonarii*, so weiss ich wirklich nicht, auf welche Texte er seine Aufstellung stützen will. Ich wage sogar, die diametral entgegengesetzte Behauptung aufrecht zu erhalten, dass *Amalarius niemals den heil. Gregor für den Ordner des Antiphonars gehalten hat.* Und

---

1) Man könnte vielleicht diesen Text noch nachträglich besprechen und sich fragen, ob Hadrian wirklich Gregor I. und nicht etwa Gregor III. meinte. Die Bezeichnung »mein Vorgänger« nimmt sich immerhin seltsam aus in Bezug auf einen vor fast 200 Jahren gestorbenen Mann, zumal zwei Päpste gleichen Namens nur 30—50 Jahre vorher das Kirchenregiment geführt hatten. Jedenfalls sind die Epitheta *sanctus* und *deifluus* in der Frage nicht ausschlaggebend. Nannte nicht Paul I. seinen eigenen Bruder Stephan II. »sanctissimus Stephanus papa«? (Migne, Bd. 89, S. 1141) Aber ich will darauf nicht bestehen. *Ne sutor ultra crepidam.*

ich beweise dieselbe durch die oben (S. 44—45) theilweise
wiedergegebene Vorrede, wo der alte Liturgist Rechenschaft
ablegt über die Methode, die er bei der Zusammenstellung
eines Antiphonars für den Gebrauch seiner Kirche und der
Kirche des ganzen fränkischen Reichs befolgte. Eine einfache
Analyse seines Berichtes genügt, um uns darüber ins Reine
zu bringen.

Von Ludwig dem Frommen mit der erwähnten Arbeit
betraut und verwirrt durch die erheblichen Abweichungen der
Gesangbücher unter einander, begab er sich auf Geheiss seines
Souveräns nach Rom (augenscheinlich gegen 830), um vom
Papste Gregor IV. ein Exemplar zu erbitten, das ihm als
Muster dienen könnte. Der heilige Vater antwortete auf diese
Bitte: «Ich habe kein Antiphonar, das ich meinem Sohne und
Herrn dem Kaiser senden könnte. Die, welche wir besassen,
sind durch Wala, Abt von Corbie, als er in besonderem Auf-
trage hierher kam[1]), nach Frankreich mitgenommen worden.»
Nach Frankreich zurückgekehrt, begab sich Amalarius nach
Corbie und fand dort die vier von Wala mitgenommenen
Bände, die eine vollständige Sammlung sämtlicher liturgischen
Gesänge bildeten. Er entdeckte in einem dieser Bände, dass
diese Sammlung zuerst durch *Papst Hadrian* geordnet worden
war. Andererseits besass die Kirche zu Metz Gesangbücher,
die *etwas älter* (antiquiora aliquo tempore waren als die neuer-
dings aus Rom gebrachten. An manchen Stellen fand Amalarius die Fassung der römischen Bücher besser, an anderen
erschien ihm die Lesart der Metzer vorzuziehen. «Ich wählte
einen Mittelweg,» sagt der gute Diakonus, «indem ich mich
an unsere eigenen Bücher hielt überall wo mir ihre Lesart
besser zusagte, und sie nach den römischen Exemplaren korri-
gierte, wo dafür ein Grund vorlag.»

Ist es hiernach nicht klar wie der Tag, dass man weder
das Antiphonar von Corbie noch das von Metz für das Werk
des heil. Gregor hielt? Und wo bleibt da die Behauptung,
der *R. B.*, dass die seit dem Ende des 8. Jahrhunderts von
Rom nach Gallien gekommenen Antiphonarien den Namen

---

1 Man könnte auch mit Recht fragen, was denn aus dem berühmten
Antiphonar St. Gregors geworden sei, das der Sänger Petrus, der Reise-
genosse des Romanus dreissig oder vierzig Jahre vorher nach Metz gebracht haben musste, wenn man der Chronik von St. Gallen glaubt. Man
müsste sagen, dass Amalarius davon nie hatte reden hören.

Gregor d. Gr. trugen? Wenn es zu dieser Zeit in Italien oder
in Frankreich ein Gesangbuch gegeben hätte, das diesen ehrwürdigen Namen trug, [1]) hätte dann wohl Amalarius sich ver-
messen, selbst eine ähnliche Sammlung zusammenzustellen mit
der Ungeniertheit, die wir gesehen haben, und hätte dann
überhaupt die ihm von Ludwig dem Frommen anvertraute
Mission irgendwelchen Sinn gehabt?

Allerdings scheint an einer Stelle des Traktats *De ecclesiasticis officiis* der Zusatz «gregorianisch» sich wenigstens in-
direkt auf ein Gesangbuch zu beziehen, aber aus der Art seiner
Anwendung im Satze geht hervor, dass der Verfasser nicht im
geringsten an den heil. Gregor d. Gr. gedacht hat: «*Auctor
missalis qui vocatur gregorialis et antiphonarii nos tangit ut
recolamus Nativitatem Domini*» etc. . . . d. h. der Verfasser
des *sogenannten gregorianischen* Missale und des Antiphonars [1] . . .
das wäre doch eine ziemlich merkwürdige Ausdrucksweise von
einem meiner Hypothese gegensätzlichen Standpunkte aus.

Das genügt denke ich zum Beweise, wie schlecht berathen
die Traditionalisten sind, wenn sie sich auf die Autorität des
Amalarius berufen.

V. **Walafrid Strabo**, Abt von Reichenau 841-848. In-
dem ich in der gekürzten Fassung meines Vortrags diesen
Namen beiseite liess, lud ich in den Augen der *R. B.* den
Schein auf mich, dass ich Johannes Diaconus allein die ganze
Erfindung dessen aufbürdete, was man, der Kürze wegen, mir
erlauben mag die «musikalische Legende vom heil. Gregor»
zu nennen. Die vorliegende Gestaltung meiner Arbeit in
extenso drückt aber unzweideutig genug aus, wie ich in dieser
Hinsicht denke. Gewiss, es steht fest, dass noch vor der
Mitte des 9. Jahrhunderts, höchstens 10 oder 15 Jahre nach
den von Amalarius berichteten Thatsachen, Gregor d. Gr. von
den Mönchen von Reichenau, St. Gallen und andern Klöstern
dieser Gegenden, nicht nur als Verfasser des nach ihm benannten Sacramentariums sondern auch als Organisator des
Kirchengesangs angeführt wird: sein Name erscheint in dieser
Zeit auf dem Titelblatt verschiedener Antiphonarien. Zwei
Stellen eines Traktats des Walafrid *De exordiis et incrementis
rerum ecclesiasticarum* beglaubigen das. Die eine ist bereits
oben mitgetheilt (S. 15, Anm. 2 ; hier ist die andere :

---

1. Vgl. oben S. 15 Anm. 1.

«Traditur Beatum Gregorium, sicut ordinationem missarum
et consecrationum, ita etiam cantilenae disciplinam, maxima
ex parte in eam, quae hactenus quasi decentissima observatur,
dispositionem perduxisse, sicut et in capite Antiphonarii
commemoratur.» *Max. bibl. vet. Patrum*, Bd. XV, S. 192).

Aber wie ich schon bemerkte (S. 15, Anm. 2), die Sache ist
mit einigem Vorbehalt erzählt, wie eine gewöhnliche umlaufende
Tradition («creditur», «fertur») und ohne jedwedes historische
Detail. Der gelehrte Abt, der die kirchliche Litteratur gründlich kannte und gern aus dem *Liber pontificalis* schöpfte, wusste
sehr wohl, dass das eine Meinung jungen Datums war, die man
mit Vorsicht aufzunehmen hatte.

So sagen denn von fünf Zeugen, die berufen sind, das
Alter der auf die musikalische Rolle Gregor I. bezüglichen
Tradition zu konstatieren, zwei nichts aus, was auf die Sache
selbst Bezug hätte; der dritte ist zurückzuweisen, weil er seine
Identität nicht nachweisen kann; der vierte sagt öffentlich zu
Gunsten der Gegenpartei aus. Nur der letzte, der wegen
seines geringen Alters nicht schwer ins Gewicht fällt, bezeugt
die Existenz der Tradition um 840, d. h. mehr als 230 Jahre
nach dem Tode des berühmten Papstes.

Vierzig Jahre später stehen wir zum ersten Male einer
bestimmten Behauptung, einer umständlichen Erzählung gegenüber. Unter der Feder des Johannes Diaconus ist die unbe-
stimmte Tradition zur Geschichte geworden: der heil. Gregor
stellt das Antiphonar zusammen, gründet die Schola und unter-
richtet selbst die Gesangsschüler. Noch mehr: im Jahr 880
zeigt man die — recht sonderbaren — Reliquien, welche die
Thätigkeit des heiligen Papstes als musikalischer Pädagoge
bezeugen: eine *Ruthe* und ein *Ruhepolster*. Endlich hat man
auch ein überaus kostbares Monument entdeckt 'von dessen
Existenz 50 Jahre vorher Gregor IV. und Amalarius keine
Ahnung hatten : das authentische (!) Antiphonar Gregors I.
Das alles ist ganz gewiss sehr merkwürdig. Ausgenommen
die erste Thatsache, die Walafrid als Gerücht wiedererzählt, ist
keiner der Umstände dieser historischen Mittheilung je von
einem früheren Schriftsteller verzeichnet worden. Man kann
deshalb Johannes Diaconus als verantwortlichen Redakteur,
wenn nicht gar als Urheber der gregorianischen Legende bezeichnen.

Aber — sagen die Parteigänger der Tradition — der

Historiograph des Papstes Johannes VIII. konnte aus den geheimen Archiven der päpstlichen Kammer schöpfen und «durch schriftliche Aufzeichnung die in der Korporation der Sänger fortlebende Erinnerung der Organisationsarbeit festlegen.» Ein solches Argument könnte einiges Gewicht haben, wenn wir es mit einem gewissenhaften und ehrlichen Schriftsteller wie Beda zu thun hätten, verliert dagegen allen Werth, wenn es sich um einen notorisch unzuverlässigen [1]) — um nicht mehr zu sagen — Autor handelt.

Wünscht man ein Pröbchen der Manier, wie Johannes Diaconus seine Dokumente benutzte? Um es zu finden, brauche ich meinen Gegenstand nicht zu verlassen.

Nachdem er sich breit über die Ungeschicklichkeit der fränkischen und deutschen Sänger und ihre Unfähigkeit, die feinen Gesangsmanieren der Römer nachzumachen, ausgelassen, führt unser Historiker folgendermassen fort:

»Hinc est quod hujus Gregorii tempore, cum Augustino tunc Britannias adeunte, per occidentem quoque Romanae institutionis cantores dispersi, barbaros insigniter docuerunt. Quibus defunctis occidentales Ecclesiae ita susceptum modulationis organum vitiarunt, ut Johannes quidam Romanus cantor cum Theodoro aeque cive Romano sed Eburaci episcopo per Gallias in Britannias a Vitelliano sit praesule destinatus; qui circumquaque positarum Ecclesiarum filios ad

»Daher unterwiesen seit der Zeit des h. Gregor, während Augustinus sich nach England wandte, Sänger der römischen Schule verstreut über die Länder des Occidents, in bewundernswürdiger Weise die Barbaren des Nordens. Allein nach ihrem Tode gerieth bei der abendländischen Kirche diese von Rom empfangene Gesangsmethode derart in Verfall, dass ein gewisser Johannes, ein römischer Sänger begleitet von Theodorus, der gleichfalls römischer Bürger, aber Bischof

---

1) Bereits im 16. Jahrhundert wies der berühmte Kardinal Baronius Irrthümer bei Johannes Diaconus nach. Übrigens gesteht dieser selbst in seiner Vorrede unumwunden ein, wie wenig Sorgfalt er auf chronologische Genauigkeit verwandt habe, die doch die conditio sine qua non aller Geschichtsschreibung ist: »re vera non tantum *quando* fecisset sed *quantum* fecisset sollicitus deflorare curavi«. Man kann sagen, dass er nie beabsichtigt hat, eine wirkliche Geschichte zu schreiben sondern vielmehr einen Panegyricus, der einem Papste gefallen könnte, welcher eine enthusiastische Verehrung für den h. Gregor I. an den Tag legte.

pristinam cantilenae dulcedinem revocans, tam per se,
quam per suos discipulos multis annis Romanae doctrinae
regulam conservavit«. /Lib. II,
cap. S).

von York war, durch Papst
Vitalian nach Gallien und von
da nach England geschickt
wurde, und nach Wiederher-
stellung des ursprünglichen
Wohllautes der Melodien in
den Kirchen dieses Landes
durch seine und seiner Schüler eifrige Thätigkeit die Prin-
cipien der römischen Lehre
durch eine lange Reihe von
Jahren aufrecht erhielt«.

Es ist unmöglich, mehr Missgriffe und Irrthümer anzu-
häufen, als man in diesem kurzen Paragraphen beieinander
findet, dessen sachlicher Inhalt offenbar der Kirchengeschichte
Bedas entnommen ist: 1) die als Johannes quidam bezeichnete
Persönlichkeit (die kein geringerer als der Archikantor der
Peterskirche und Abt von St. Martin war) wurde nicht unter
Papst Vitalian (657—672) sondern unter Agathon (678—681)
nach England geschickt. 2) Sein Begleiter war der Abt von
Wearmouth, Benedictus Biscop und nicht Theodorus; letzterer
reiste vielmehr zur Zeit Vitalians ab aber mit einem Abt
Namens Hadrian. 3) Theodor war niemals Bischof von York,
wohl aber Erzbischof von Canterbury: er ist in den Annalen
der Kirche berühmt unter dem Namen Theodorus Cantuariensis.
4) Er war nicht römischer Bürger, sondern Grieche; er stammte
aus Tarsus in Cilicien.

Dies Beispiel genügt wohl, denke ich, vollständig, uns
einen Massstab für die Glaubwürdigkeit zu geben, die dem
Biographen Gregors I. beizumessen ist. Übrigens scheinen
seine Erzählungen bei den Zeitgenossen nicht eben viel An-
klang gefunden zu haben; Regino von Prüm, Hucbald, Remi
von Auxerre gedenken ihrer niemals. Später werden sie, erweitert und con amore aufgeputzt durch die Chronisten der
Klöster, zur Quelle anmuthiger Legenden wie der von den
Sängern Petrus und Romanus (zwei augenscheinlich symbolische
Namen) die im 11. Jahrhundert der Annalist von St. Gallen [1)]
erzählt.

1) Ekkehardi IV., *Casus S. Galli*, bei Pertz, *Monumenta Germaniae
historica*. Bd. II, S. 102. Die Erzählung gipfelt in der bekannten Anekdote,

Um nun mit der gregorianischen Frage zu Ende zu kommen, muss ich noch folgende Entgegnung widerlegen, welche meinem zweiten Einwand (S. 16) gegenübergestellt worden ist:

«Die Korrespondenz Gregors enthält einen Brief, der *für sich allein* genügt, zu zeigen, dass der grosse Papst sich für liturgische *und musikalische* Fragen doch etwas mehr zu interessiren wusste als man darzustellen beliebt.» Zum Beweis, wie wenig ich die in den letzten Worten enthaltene Anklage verdient habe, lege ich dem Leser, in einer französischen Übersetzung, welche die *R. B.* nicht zurückweisen wird — nämlich der des Don Guéranger [1]) — das vollständige Dokument vor, nämlich einen Brief an Johannes, Bischof von Syrakus, vom Monat Oktober 598 [2]), und begnüge mich, den lateinischen Text nur da in Klammern beizufügen, wo er mir nicht streng genug eingehalten zu sein scheint.

»Un homme venant de Sicile m'a dit que quelques-uns de ses amis, grecs ou latins, sous prétexte de zèle envers l'Eglise romaine murmuraient contre mes réglements, disant: *Comment prétend-il abaisser l'Église de Constantinople, lui qui en suit les coutumes en toutes choses?* Comme je lui disais: Quelles contumes suivons-nous? il m'a répondu: *Vous avez fait dire Alleluia aux Messes hors du temps pascal; vous faites marcher les sous-diacres sans tuniques; vous faites dire Kyrie eleison; vous avez ordonné de dire l'Oraison dominicale aussitôt après le Canon.* A cela j'ai repondu que dans aucune de ces choses nous n'avons suivi

»Ein Mann aus Sizilien kam zu mir und sagte, dass einige seiner Freunde, Griechen oder Lateiner, unter dem Vorwande des Eifers gegen die römische Kirche gegen meine Anordnungen murrten und sagten: »Wie kann er beanspruchen, die Kirche von Konstantinopel zu beherrschen, da er in allem ihre Gewohnheiten befolgt?« Als ich ihm sagte »Welche Gewohnheiten befolgen wir?« antwortete er mir »Ihr lasst in den Messen ausserhalb der Osterzeit das Hallelujah singen; ihr lasst die Subdiakonen ohne Tunika gehen; ihr lasst das Kyrie eleison singen; ihr habt angeordnet, dass das Gebet des Herrn (Vater unser)

---

wo man Kaiser Karl d. Gr. als Schiedsrichter in einem Kreise römischer und fränkischer Sänger sieht, deren letzteren er befiehlt, an die Quellen zurückzugehen. »Revertimini vos ad fontem Sancti Gregorii«.

1: *Institutions liturgiques* (Le Mans und Paris, 1840; Bd. I, S. 167—169.
2) Jaffé, Po. 1550). *S. Gregorii opera* Bd. II, S. 939.

les usages d'une autre Eglise.
Car pour ce qui est de l'Alleluia,
la tradition nous apprend qu'il
a été introduit ici par le bien-
heureux Jérôme au temps du
pape Damase de sainte mé-
moire, à l'imitation de l'Eglise
de Jérusalem, et encore faut-
il remarquer que dans ce Siège,
nous avons retranché plutôt
quelque chose à ce que l'on
avait ainsi reçu des Grecs.
Si je fais marcher les sous-
diacres sans tuniques, c'est
l'ancienne contume de l'Eglise;
seulement dans la suite du
temps, il avait plu à quelqu'un
de nos pontifes, je ne sais le-
quel, de les revêtir ainsi. Mais
vos propres églises (de Sicile)
ont-elles donc reçu la tradition
des Grecs? Aujourd'hui encore,
chez vous, d'où vient que les
sous-diacres paraissent couverts
d'une simple tunique de lin, si
ce n'est parce qu'ils ont reçu
cet usage de l'Eglise de Rome,
leur mère?

D'ailleurs nous ne disons pas
(neque diximus neque dicimus)
Kyrie eleison à la manière des
Grecs. Chez eux tous le disent
ensemble; chez nous il n'y a
que les clercs, et le peuple
répond; et de plus nous
disons autant de fois *Christe
eleison*, que les Grecs ne disent
jamais. Dans les messes quo-
tidiennes, nous passons sous
silence certaines choses que
l'on a coutume de dire aux

gleich nach dem Kanon folgt.«
Darauf antwortete ich ihm,
dass wir in nichts von alledem
dem Gebrauch einer anderen
Kirche folgten. Denn, was das
Hallelujah anlangt, so lehrt
uns die Tradition, dass dasselbe
hier durch den heiligen Hie-
ronymus zur Zeit des Papstes
Damasus heiligen Andenkens
eingeführt worden ist, und
zwar im Anschluss an die
Kirche von Jerusalem, auch
ist zu bemerken, dass dasselbe
im Bereich unserer Herrschaft
eher etwas eingeschränkt worden ist gegen den von den
Griechen übernommenen Ge-
brauch. Wenn ich die Sub-
diakonen ohne Tunika gehen
lasse, so ist das alter Brauch
der Kirche; nur hatte es im
Lauf der Zeiten einem von uns
Päpsten gefallen, sie damit zu be-
kleiden. Aber haben denn eure
(sizilianischen) Kirchen die Tradition der Griechen? Wie
kommt es, dass bei Euch noch
heute die Subdiakonen nur
mit einer einfachen Leinen-
tunika bekleidet erscheinen,
wenn nicht, weil ihr diesen
Gebrauch von eurer römischen
Mutterkirche erhalten habt?

Uebrigens sagen wir weder
noch sagten wir das *Kyrie
eleison* auf die Art der Griechen. Bei ihnen sagen es alle
zusammen, bei uns nur die
Kleriker, und das Volk antwortet, auch sagen wir eben so oft

autres jours, et nous disons seulement *Kyrie eleison* et *Christe eleison*, en les chantant avec un peu plus de lenteur *(ut in his deprecationibus vocibus paulo diutius occupemur)*. Nous disons l'oraison dominicale aussitôt après le Canon, parce que telle a été la coutume des Apôtres, qui, en consacrant l'hostie de l'oblation, se contentaient de cette prière. Il nous eût paru inconvenant de réciter sur l'oblation une prière redigée par un savant *(quam scholasticus composuerat)* et d'omettre de réciter sur le corps et le sang du Redempteur celle qu'il a lui-même composée. De plus l'oraison dominicale chez les Grecs est dite par tout le peuple, tandis que chez nous c'est le prêtre seul qui la récite.

En quoi avons nous donc suivi les coutumes des Grecs, nous qui n'avons fait que rétablir nos anciens usages ou en introduire d'utiles, quand bien même on prouverait qu'en cela nous avons imité les autres? Quand donc Votre Charité aura occasion d'aller à Catane ou à Syracuse, qu'elle ait soin d'instruire sur ces différents points tous ceux

Christe eleison, wie die Griechen nie gesagt haben. In den Alltags-Messen gehen wir mit Stillschweigen über einiges hinweg, das man an anderen Tagen zu recitiren pflegt, und wir sagen nur einmal Kyrie eleison und Christe eleison mit etwas langsamerem Vortrag. Das Gebet des Herrn sagen wir sogleich nach dem Kanon, weil es so bei den Aposteln gebräuchlich war, welche bei der Weihung der Opfer-Hostie sich mit diesem Gebet begnügten. Es hätte uns unpassend erschienen, auf die Consecration der Hostie ein von einem Kirchengelehrten verfasstes Gebet zu sprechen und auf Fleisch und Blut des Erlösers das Gebet nicht zu sprechen, das er selbst verfasst hat. Übrigens wird bei den Griechen das Gebet des Herrn vom ganzen Volke gesprochen, während es bei uns nur der celebrirende Priester recitiert.

Worin sind wir denn also dem Gebrauche der Griechen gefolgt, wir, die nur die alten Gebräuche wiederherstellten und nützliche neue einführten? Und wenn man uns selbst nachweisen könnte, dass wir dabei andere nachgeahmt hätten? Wenn daher Ew. Liebden Gelegenheit haben nach Catania oder Syrakus zu gehen, so tragen Sie doch Sorge, alle die,

qu'elle 'sait avoir murmuré à ce sujet; quelle s'y prenne à propos pour leur faire entendre ces raisons. Quant à ce qu'ils disent de l'Eglise de Constantinople, qui doute qu'elle ne soit sujette au Siège Apostolique, ainsi que le très pieux Empereur et notre frère, l'évêque de cette ville le professent assidûment? Néanmoins si cette Eglise, ou toute autre, a quelque chose de bon, de même que je réprime mes inférieurs, lorsqu'ils font des choses illicites, de même je suis prêt à les imiter dans ce qu'ils ont de bon. Ce serait folie de mettre la primauté à dédaigner d'apprendre ce qui est le meilleur«.

welche darüber gemurrt haben, über diese Punkte aufzuklären, und seien Sie bedacht, ihnen diese Gründe mitzutheilen. Und was sie über die Kirche von Konstantinopel sagen — wer zweifelt denn daran, dass dieselbe diesem apostolischen Stuhle untersteht, wie es der fromme Kaiser und unser Bruder der Bischof dieser Stadt beständig anerkennen? Dennoch, sollte diese Kirche oder irgend eine andere etwas Gutes besitzen — so wie ich meine Untergebenen tadle, wenn sie etwas unerlaubtes thun, ebenso bin ich bereit, ihnen nachzuthun, wenn sie etwas gutes haben. Es wäre Narrheit, den Vorrang darin zu suchen, dass man es unter seiner Würde hält, das bessere zu lernen«.

Nun frage ich jeden Menschen, der nicht voreingenommen ist: kann man aus diesen Zeilen die geringste Spur von Interesse für den musikalischen Theil des Gottesdienstes herauslesen? Der Papst zeigt darin nur ein Bestreben: sich gegen den Vorwurf der Inkonsequenz zu vertheidigen, der ihm von den Parteigängern des Bischofs von Konstantinopel gemacht ist. Wenn er auf die Ausführung des Kyrie und Pater noster zu sprechen kommt, so geschieht das ersichtlich, weil er sich verpflichtet glaubt, Punkt für Punkt die Argumente seiner Widersacher zu entkräften.

Das ist alles, was die Traditionalisten zur Stützung ihrer Meinung in einem so ausgedehnten und so vollständigen Schatze von Briefen haben entdecken können, in welchem sich Gregor I. von allen Seiten zeigt: als Pontifex, Bischof, Stadtoberhaupt, Verwaltungsbeamter, Staatsmann und Privatmann! Ist es menschenmöglich, dass er während 13 Jahren nicht ein einziges Mal Veranlassung gefunden hätte, sich mit irgend jemand

über das Thema zu unterhalten, das ihm vorgeblich so am
Herzen lag, über einen Theil des Gottesdienstes, den er doch
so naturgemäss der ganzen Sorgfalt der Bischöfe und Priester,
seiner täglichen Korrespondenten, hätte empfehlen müssen? Ist
dies absolute Schweigen nicht erdrückend für meine Gegner und wahrhaft entscheidend? Damit erscheint mir die
«gregorianische Frage» zur Genüge geklärt. Kompetente Männer
haben jetzt die Prozess-Akten vor Augen; die welche in sich
die erforderliche Unparteilichkeit fühlen, können nun mit Sach-
kenntnis ihr Urtheil abgeben.

Bezüglich der übrigen Partien meiner Arbeit, werde ich
versuchen, den Ausstellungen und etwas übereilten Behauptungen
der *R. B.* kürzer zu erwidern. Hier ist zunächst das Urtheil, das
man über meine Unterscheidung der zwei Stil-Perioden des liturgischen Gesangs fällt. «Diese Annahme einer so scharf abgegrenz-
ten Posteriorität der melismatischen Gesänge ist nicht begründet
und kann nicht als Grundlage dienen für ein ganzes chronologisches System, dem die bestimmtesten Zeugnisse der römischen und abendländischen Tradition widersprechen. — Die
scharfe Trennung der Periode des einfachen Gesangs von der
Periode des verzierten Gesangs läuft Gefahr eines Tages sehr
hart verurtheilt zu werden, da sie beinahe ganz ins Gebiet der
Willkür gehört.» Vorerst tröste ich mich über die Härte des
über mein Haupt verhängten Urtheils mit dem Gedanken, dass
man mir wenigstens das Verdienst zuerkennen wird, zuerst
einen Versuch gemacht zu haben, aus den Gemeinplätzen her-
auszukommen, mit denen man sich seit Jahrhunderten bezahlt,
und wenigstens einige Grenzpfähle an diesem noch ungebahnten
Wege einzurammen, kurzum zu einer rationellen Erklärung
der stufenweisen Entwickelung des Schatzes der römischen
Kirchengesänge zu gelangen. Wohl ist es möglich, dass die
von mir aufgestellte Grenze der beiden Perioden späterhin als
ungenau erkannt und dass sie auf Grund vertiefter Studien
etwas vor- oder zurückgeschoben werden muss (ich prätendire
nicht, gleich auf den ersten Schlag eine absolute Genauigkeit
erzielt zu haben). Doch glaube ich, dass die historische Thatsäch-
lichkeit der beiden einander folgenden Perioden unbestreitbar
ist. Dieselbe ist nicht nur durch die musikalische Faktur der
beiden Klassen von Gesängen erwiesen — ein Kriterium, das
nicht lügen kann — sondern sie ist auch in auffälliger Weise
durch die Musikgeschichte und die kirchliche Litteratur be-

glaubigt. Thatsächlich gehören alle Überbleibsel antiker Vokalmusik (die drei kitharodischen Melodien aus dem 2. Jahrhundert
und das Melodiefragment der ersten Pindarischen Ode) derselben Art von Melodiebildung an wie die einfachen Antiphonen und Responsorien: auf jede Silbe kommen ein, zwei
oder höchstens drei Töne. Andererseits beziehen sich die
wenig eingehenden Aufschlüsse, die wir bei Schriftstellern
vorkarolingischer Zeit — Cassiodor, St. Benedict, Beda —
finden, einzig auf die Offizien der Tagzeiten, [1] die durchaus
nur im einfachen Stil komponiert sind (mit Ausnahme der
Responsorien der Nokturnen), während im Gegentheil die Spezial-
bezeichnungen der fünf Messgesänge (Antiphona ad in-
troitum, ad communionem, responsorium gradale, tractus, offertorium [2]) in keinem einzigen römischen Dokument vorkommen,
das älter ist als der zur Zeit Hadrians I. redigirte Ordo Romanus I.

Ich erwarte daher, ehe ich mein chronologisches System
aufgebe, dass man mir dessen Irrigkeit durch schlagende
Gründe und unabweisbare Zeugnisse nachweist, nicht aber
vermittelst «abgenutzter und unechter Trümmer», auf welche
mein ehrwürdiger Gegner «mangels etwas bessern» angewiesen
zu sein beklagt. [3]

Die R. B. gesteht ohne Beschwerde zu, dass die Entstehungsperiode der liturgischen Kunst kaum über das Jahr
700 hinaus gedauert hat. Aber sie kritisirt die induktive Methode, mit Hülfe deren ich dieses Datum erlangt habe und

---

1) Wir verweisen diesbezüglich auf eine interessante Stelle aus der
Biographie des Papstes Vigil (537—555) in *Liber pontificalis* (Bd. I, S. 289).
»Ingressus est Constantinopolim vigilias Domini nostri I. C. Obvius est ei
imperator; osculantes se coeperunt flere; et plebs illa psallebat ante cum
usque ad ecclesiam S. Sophiae: *Ecce advenit dominator Dominus*« etc.
Diese Antiphon gehört zum Weihnachtsofficium des *Responsale gregorianum* der Benediktiner (S. 744); sie ist aus dem römischen Antiphonar
verschwunden, aber das von Trier hat sie beibehalten.

2) Isidor von Sevilla erwähnt das *Offertorium* (Orig. l. VI. c. 19;
Eccl. off. l. l. c. 14), aber es ist zu bemerken, dass zu dieser Zeit
die spanische Kirche den gothischen Ritus befolgte, der dem gallica-
nischen verwandt war und dem liturgischen Gebrauch des Orients näher
stand als dem römischen.

3) Sind der Dokumente aus erster Hand wirklich so wenige? Es
scheint mir nicht. Schon allein der Umfang dieses Anhangs würde zum
Beweise des Gegentheils hinreichen. Und wer weiss, wieviele eine richtig
angelegte Durchforschung der unermesslich reichen kirchlichen Litteratur
der ∾ ersten Jahrhunderte der christlichen Aera noch an den Tag brächte?

bestreitet besonders, dass das Vorkommen bereits anderweit verwendeter Gesänge in einem Offiz als Anzeichen der abnehmenden musikalischen Produktivität angesehen werden könne. Gewiss könnte dies Kriterium, wenn man es unterschiedslos anwenden wollte, zu den irrigsten Schlussfolgerungen führen. So weist die *R. B.* sehr mit Recht auf Entlehnungen dieser Art in einigen Offizien hin, die im 7. Jahrhundert eingeführt sind, also in einer Zeit, die nach meiner Darstellung den Höhepunkt der Thätigkeit der liturgischen Komponisten bildet. Aber es ist zu bemerken, dass alle die angezogenen Beispiele dem *Heiligendienst (Proprium Sanctorum)* entnommen sind, für den von den ältesten Zeiten bis heute der Gebrauch überwogen hat, sich bei der Messe derselben liturgischen Gesänge für Heilige gleichen Ranges zu bedienen. [1]) Das *Proprium de Tempore* (der regelmässige *Gottes*dienst des Kirchenjahres) befolgt einen gegentheiligen Usus: hier hat — einige wenige durch die Geschichte der Liturgie leicht erklärte Fälle ausgenommen — jede der bereits im 7. Jahrhundert eingerichteten und daher zum gelasianischen Sakramentar gehörigen Messen ihre besonderen Gesänge (oder wenigstens Texte). Diese alte Praxis ist weniger streng eingehalten für die Messen der 23 Sonntage nach Pfingsten, deren Liturgie erst gegen 700 eingerichtet wurde; unter den 115 Gesangsstücken, welche diese Reihe von Offizien enthält, sind etwa zwanzig älteren Offizien entnommen. Schliesslich wurde diese überkommene Gewohnheit ganz oder doch beinahe aufgegeben für die Donnerstage der Fastenzeit, die erst seit Gregor II. (715—731) gefeiert wurden: von den 20 Gesangsstücken ihrer Messen sind 18 in andern Messen verstreut nachweisbar.

Ich bleibe daher dabei, zu glauben, das dies analytisch-statistische Vorgehen, im Lichte einer gründlichen Kenntniss des Kirchenkalenders und ausser den Melodien auch auf die Texte ausgedehnt, eins der wirksamsten Mittel zur Gewinnung einiger Anhaltspunkte für das relative Alter der verschiedenen Klassen von Melodien ist, oder wie man in Deutschland sagt, für die *interne* Geschichte des Kirchengesangs.

---

1) Wie das eigentliche Antiphonar, so hat auch das Graduale (Liber gradualis, ein *Commune Sanctorum*, dessen Gebrauch ein sehr ausgedehnter ist, aber es hat nicht wie jenes ein *Commune de Tempore* (was doch der Wochenpsalter ist). Alle Messen des Commune Sanctorum sind ursprünglich für das Fest eines bestimmten Heiligen komponiert worden.

Die *R. B.* wirft mir noch vor, dass ich über den ambrosianischen Gesang nichts gesagt habe, dass ich «nichts ahnen
lasse von seinen Beziehungen zum späteren römischen Gesange,
ausgenommen was die Hymnen angeht.» Dafür ist die erste
Entschuldigung die Lückenhaftigkeit meiner Kenntnisse: ich
gestehe, dass ich nicht recht weiss, wie die Melodik der Antiphonen und anderer Gesänge des ambrosianischen Ritus beschaffen war, während der Jahrhunderte, mit welchen ich mich
beschäftigt habe (weiss es mein ehrwürdiger Widersacher?).
Als zweiten Grund meines Schweigens könnte ich den engen
Rahmen meiner Arbeit anführen. In einer zum öffentlichen
Vortrag bestimmten Abhandlung musste ich mich an eine einfache historische Skizze halten und andere meiner Ansicht nach
noch wichtigere Fragen bei Seite lassen.

Endlich giebt die *R. B.* nicht zu, dass die italienischen
Schriftsteller der karolingischen Zeit die Tendenz gehabt haben
könnten, ihre Landsleute zu erheben und Ausländer zurück-
zusetzen. Zum Beweis, dass ich nicht ins Blaue hinein geredet,
will ich nur an die anmassenden Ausfälle des Johannes Diaconus
über die Leichtfertigkeit der französischen und die Ungeschlacht-
heit der deutschen Sänger erinnern, Ausfälle, die einem St. Gallener Schreiber folgenden naiven an den Rand seines Manuskripts
verzeichneten Ausruf entlockten: *Ecce jactantiam Romanis con-
suetam in Teutones et Gallos*[1] «das ist wieder die alte Schmäh-
sucht der Römer gegen Teutonen und Gallier!») — Aber eine
Diskussion über diesen Punkt würde mich zu weit führen und
müsste diesen ohnehin schon allzugrossen Anhang ohne Noth
noch verlängern.

Nur noch ein Wort zum Schluss. — Der Berichterstatter
der *R. B.* glaubt in meinen Ideen den Einfluss *einer gewissen
Schule* zu entdecken, «die bereits gerichtet ist» (das scheint mir
wenigstens der Sinn der Worte zu sein). Ich weiss nicht, auf
was für eine Schule diese Zeilen anspielen. Sollte mein ehr-

1, *Mon. Germ. hist.* Bd. II, S. 102, § 47. Und doch konnten diese
transalpinen Barbaren, die Zeitgenossen des Johannes Diaconus sich bereits
mit einigen Stolz auf ihren Amalarius, Aurelian von Réomé, Regino von
Prüm, Remigius von Auxerre und Hucbald berufen, während die Italiener
noch über 100 Jahre auf ihren Guido von Arezzo warten mussten. Man
frage sich, was aus der kirchlichen Kunst im 10. Jahrhundert geworden
wäre, wenn das Monopol derselben bei der römischen Schola ver-
blieben wäre!

würdiger Gegner damit — was ich zu glauben Anstand nehme — alle diejenigen meinen, die sich historischen Forschungen widmen, nicht um in denselben lediglich die Bestätigung vorgefasster Meinungen zu finden, sondern vielmehr, um ihre Meinungen den Ergebnissen ihrer Studien unterzuordnen, so würde die Achtung vor der Wahrheit mich verpflichten, zu bekennen, dass ich zu ihnen gehöre. Aber ich könnte nicht umhin, diese summarische Verurtheilung übermässig hart zu finden, da es sich um ganz unverfängliche Materien handelt, bei denen weder das Dogma noch die Moral irgendwie engagirt sind. Ein Thema wie das des christlichen Kirchengesangs, das gleichermassen den Kultus und die Kunst angeht, kann wie mir scheint nur gewinnen, wenn es abwechselnd von beiden Standpunkten aus betrachtet wird, einerseits durch Geistliche und andererseits durch gleich gewissenhafte Laien, die ebenso für das gemeinsame Objekt ihrer Studien interessirt sind. *Unicuique datur manifestatio Spiritus ad utilitatem.* Was kommt schliesslich auf die Verschiedenheit der Methoden und Prinzipien an, wenn das Ergebniss der gegensätzlich gerichteten Anstrengungen doch nur zum Ruhme der katholischen Kirche ausfallen kann, indem es ein helles Licht auf einen der zahllosen Dienste wirft, welche sie der abendländischen Kultur erwiesen hat, indem es an den kirchlichen Ursprung unserer europäischen Musik erinnert, die so recht eigentlich aus dem Herzen christlichen Empfindens heraus geboren ist!

Brüssel, im März 1890.

www.ingramcontent.com/pod-product-compliance
Lightning Source LLC
Chambersburg PA
CBHW031448270326
41930CB00007B/914